»Die Urgroßmutter sah streng über ihre Brille und sagte: Friss Vogel, oder stirb.«

Elke Heidenreichs Liebe gilt den bunten, eigensinnigen Vögeln, die weder alles fressen wollen noch sterben. So wie sie selbst einer ist – und viele der anderen Menschen, von denen sie erzählt. Was ist dieses Leben, diese Reihe von unterschiedlichen Momenten, die manchmal wirken, als hätte irgendein Gott gewürfelt?

»Es geht um das Leben, wie es nun mal ist: überraschend, lustig, traurig und banal.« Hilmar Klute, *Süddeutsche Zeitung*

Elke Heidenreich lebt in Köln. Sie studierte Germanistik und Theaterwissenschaft und arbeitete bei Hörfunk und Fernsehen. Sie veröffentlichte unter anderem die Geschichten »Rudernde Hunde« (mit Bernd Schroeder, 2002), den Roman »Alte Liebe« (mit Bernd Schroeder, 2009), eine Liebeserklärung an die Musik »Passione« (2009), das Venedig-Buch »Die schöne Stille« (2011), die Geschichten »Der Welt den Rücken« (2012) und zuletzt die kurzen Geschichten »Alles kein Zufall« (2016).

Weitere Informationen finden Sie auf www.fischerverlage.de

Elke Heidenreich
Alles kein Zufall

KURZE GESCHICHTEN

FISCHER Taschenbuch

Erschienen bei FISCHER Taschenbuch
Frankfurt am Main, September 2017

Lizenzausgabe mit freundlicher Genehmigung
des Carl Hanser Verlages
© 2016 Carl Hanser Verlag München

Druck und Bindung: CPI books GmbH, Leck
Printed in Germany
ISBN 978-3-596-29650-7

Wenn eine Leidenschaft nachzulassen beginnt, ist es wichtig, sich sofort eine andere zu schaffen, denn die ganze Kunst, das Leben erträglich zu machen, besteht darin, sich an allem ein Interesse zu bewahren.

SUSAN SONTAG

Die Urgroßmutter sah streng über ihre Brille und sagte: Friss, Vogel, oder stirb! In der Erinnerung an sie gibt es nur diesen einen Satz. Diesen Satz und ein dickes, sepiafarbenes Pappfoto, das sie als alte Frau zeigt, mit straffem, weißem Haar und kleinen, harten Augen. Sie sah aus wie ein General, der Widerspruch nicht duldet. Nur drei ihrer acht Kinder blieben am Leben: Lina, Moritz und Albert, mein Großvater.

Friss, Vogel, oder stirb! Um Zartes, Krankes konnte sich die Urgroßmutter nicht kümmern. Die Arbeit auf dem Feld war schwer, der Mann, ein jähzorniger Westerwälder Bauer, war früh gestorben an einer Blutvergiftung: Im Zorn hatte er sich einen Zeh abgehackt, als der neue Sonntagsschuh zum Kirchgang nicht passen wollte. Zwölf Jahre alt war Albert, der Älteste, und musste mithelfen, die Familie zu ernähren. Man war arm, es gab oft Schläge von der Mutter, Zärtlichkeit und Liebe kannte er nicht, und die konnte er auch selber nicht geben, als er später als Schweißer zu Krupp nach Essen ging. Er heiratete Gertrud, eine schmale, gottesfürchtige Frau, meine Großmutter, die heimlich Gedichte schrieb und die er schlug, wenn er dahinterkam. Sie schrieb mit zierlicher Schrift in ein Poesiealbum, und Albert grölte die Verse durch die dunkle, kleine Wohnung, denn wenn er getrunken hatte, konnte er singen:

Die zarteste, zugleich die reinste Blüthe,
die Leben spendend aus dem Herzen schwillt,
das ist die wahre, echte Herzensgüthe,
die alles um sich mit Behagen füllt.

Gleich einem Feuer, das an kalten Tagen
belebend Wärme giebt und Funken sprüht,
weiß Güthe stets mit zartem Wort zu sagen,
was wohlthut selbst dem wundesten Gemüth.

Sechs Kinder wurden Albert und Gertrud geboren, sechs Kinder, in dieser Enge und Armut. Eines starb mit ein paar Wochen, es war kränklich, wollte die Augen nicht recht öffnen, hatte der Vater es im Schlaf erdrückt – versehentlich? Zur Beerdigung ging er nicht, und er war still und trank ein ganzes Jahr keinen Tropfen. Den ersten Rausch hatte er erst genau ein Jahr nach diesem Todestag, und in der Nacht muss Paula gezeugt worden sein, meine Mutter.

Großmutter Gertrud verwahrte bis zu ihrem Tod eine vergilbte Zeitungsseite aus dem Essener Kirchenblatt, Nr. 44, 1913: »Das Kind in der Totenklage. Eine Allerseelenbetrachtung.«

Wie stirbt es schön sich in der Kindheit Tagen,
die Knospe welkt, bevor sie sich erschlossen,
es stockt das Herz, noch eh es recht geschlagen,
und nichts verliert es, das noch nichts genossen.
Zum Himmel kehrt die reine Seele wieder,
kein finstrer Tod macht sie beim Scheiden beben,
es beugt ein Engel sich zum Kinde nieder,
und von den Lippen küsst er ihm das Leben.

»Behüt dich Gott!« steht in blassblauer Tinte auf dem brüchiggelben Papier, in Gertruds schmaler Schrift.

Im Kriegsjahr 1914 tat Albert ein Gelübde: Wenn er nicht in den Krieg müsse, werde er mit dem Saufen aufhören. Er musste nicht, Krupp brauchte Männer wie ihn zur Kanonenproduktion. Albert hielt sein Gelübde: Er trank fünf Jahre lang nicht, sang aber auch nicht.

Die Söhne von Albert und Gertrud kamen zu Krupp, die drei Mädchen – Sophie, Hedwig und Paula – lernten nähen: Paula nähte Wäsche, Sophie war Schneiderin bei feinen Herrschaften, Hedwig machte Hüte. Hedwig und Paula hingen stark aneinander, aber Hedwig starb sehr jung an der Schwindsucht, sie war gerade verlobt mit einem Friseur, der nach ihrem Tod Paula nachstellte. Hedwig vererbte Paula ihre Zither, aber die warf sie weg, weil sie sie nicht spielen konnte und weil sie immer alle Erinnerungen wegwarf, ihr Leben lang. Paula warf die Briefe ihres ersten Geliebten weg, der im KZ starb, sie warf die Briefe ihres Mannes weg wie nach der Trennung den Ehering, sie warf fast alles weg, was ihre Tochter ihr bastelte, schrieb, malte. Keine Erinnerungen. Nie ein Blick zurück, vorwärts wird geritten, sagte sie, mit zusammengebissenen Zähnen. Alles, was man nicht brauchte, wurde weggeworfen, Erinnerungen brauchte man nicht. Als die Tochter, dreizehnjährig, aus einem Ferienheim zurückkehrte, fand sie kein Spielzeug mehr – ihre Kinderbücher, Fritz, der Bär, Puppe Bärbel – nichts mehr da. »Du bist zu alt dafür, und für Sperenzchen haben wir keinen Platz«, sagte die Mutter.

Ihre Tochter wurde eine, die alles hortete – Fotos, Bilder, Briefe, Andenken, Erinnerungen, alles wurde in Kisten und Kästen verwahrt, und als sie alt war, versank sie in ihnen, murmelte und las und kramte und schaute.

ALLEIN

Ganz allein sein, irgendwo, wo man fremd ist, das ist einfach interessant. Man entdeckt Neues, ist offen, bereit für Überraschungen.

Ganz allein sein an Orten, an denen man glücklich war, das ist schwer. Da sitzt einer mit Hund – ich saß dort auch mal mit einem Hund, den es nicht mehr gibt. Nur jetzt nicht weinen, allein an diesem Tisch. Wem wollte man die Tränen erklären, und wie? Orte, an denen man glücklich war, darf man im Unglück nicht wieder aufsuchen. Sie erlegen einem »all die Flechtarbeit nicht abgestimmter Zustände« auf, so nennt Don DeLillo die Fülle der Erinnerungen. Sie erlegen einem zu viel auf. Glück darf man, ist es vergangen, nie wieder heraufbeschwören. Seine Zwillingsschwester heißt Kummer.

Ich kenne einen Mann, der mit jeder neuen Freundin an die Orte fährt, wo er mit seiner ersten Frau war, die er liebte und die ihn verließ. Er wundert sich, dass es nie mehr so schön ist wie damals. Er sollte allein fahren und überlegen, warum sie ihn verlassen hat. Er wäre dann dort zwar nicht glücklich, aber vielleicht einen Schritt weiter?

AUSHALTEN

Ich sitze im Speisesaal eines österreichischen Hotels. Zwei Tische weiter eine Frau, die immerzu lacht, laut, mit weit geöffnetem Mund, immer auf demselben dummen Ton, ein künstliches, ein freudloses Lachen. Es quält mich. Ich schreibe auf die Serviette: »Wenn Sie noch einmal lachen, bringe ich Sie um.« Ich würde ihr die Serviette gern durch den extrem blasierten Restaurant- oder Hotelchef zustellen lassen, der im Trachtenjankerl und mit Stechschritt von Tisch zu Tisch marschiert und schnarrt: »Gott!« oder »Zeit!«

Was meint er? Soll ich mir mehr Zeit für Gott nehmen? Hat Gott jetzt Zeit für mich?

Irgendwann versteh ich es, er meint »Grüß Gott!« und »Mahlzeit!«

Auf der Speisekarte stehen Breinwurst, Bohnschlotengulasch, Ganserl, Erdäpfelgnocchi, Sulzerl mit Kernöl, ich weiß nicht, was das ist und was davon ich essen könnte. Ein Schild mit Pudel drauf besagt: »Mein Platz ist am Boden!« Dürften Schäferhunde und Möpse auf die Tische und Bänke?

Der Nachtisch heißt »Mohr im Hemd« und ist eine Art warmer Schokoladenkuchen mit Sahne. Der Ober fragt: »War bei Ihnen der Schluss in Ordnung?« Was meint er? Mein Lebensende? Den Mohren?

Zwei alte Damen am Nebentisch: »Ich sag immer, es gibt Schmerzen, die man aushalten kann, weil man sie aushalten muss.«

Manche Restaurantbesuche kann man auch nur aushalten, weil man sie aushalten muss.

Lesung in Darmstadt, ich fahre mit dem Taxi zurück zum Bahnhof. Also sage ich: »Zum Bahnhof, bitte.«

Der Taxifahrer fragt: »Zu welchem?«

Ich sage: »Hat Darmstadt mehrere Bahnhöfe?«

Er sagt: »Es gibt Bahnhöfe in Darmstadt, Mainz, Frankfurt und Wiesbaden.«

Ich sage: »Aber wir sind doch hier in Darmstadt?«

Er antwortet: »Ja, aber man muss sich präzise ausdrücken. Könnte ja sein, dass Sie zum Flughafen müssen, und dann würden Sie zum Bahnhof in Frankfurt wollen.«

Ich schweige, aber ihn hat es nun gepackt, er lässt nicht locker.

»Außerdem gibt es Bahnhöfe in Kassel, in Köln, in Hamburg, in München …«

Ich hätte gern einen Schuss frei.

BALKON

Wir wohnten Altbau, zweiter Stock, das ist hoch. An unserer Küche, nach hinten raus zu einem Hof voller Müll und Dreck, gab es einen kleinen Balkon, der war unsere Speisekammer im Winter und unser Garten im Sommer. Ich war ein mageres Kind, schlechter Esser, viele Allergien, die man damals noch nicht kannte. Ich wusste nur: Esse ich Fisch, kriege ich keine Luft mehr. Meine Mutter hatte alles versucht, mir den Fisch reinzuzwingen: Ich musste stundenlang, am Stuhl festgebunden, vor dem Teller mit Fisch sitzen, ich musste Erbrochenes wieder essen, ich kriegte ein Pflaster auf den Mund, nachdem die Gabel mit Fisch drin war, ich erbrach durch die Nase, es half alles nichts. Dann stieg sie auf die Balkonbrüstung und sagte: »Wenn du den Fisch nicht isst, springt die Mutti jetzt runter.«

Nie werde ich meine abgrundtiefe Verzweiflung vergessen, in diesem schlimmsten Augenblick meines Kinderlebens. Aber ich konnte den Fisch nicht essen, ich konnte nicht, nicht mal um diesen Preis.

Sie sprang, aber nach innen, verhaute mich, und mit jedem Schlag wurde ich mehr zum Stein.

Noch heute, wenn ich Fisch rieche oder Menschen Fisch essen sehe, muss ich weggehen, um nicht zu zerbrechen.

BANKPOST

Mehrmals täglich ruft die achtzigjährige Mutter an.

»Ich war eben einkaufen«, »Heute ist es aber sehr heiß«, »Hast du gestern den Krimi gesehen?«

Bis die Tochter, etwas entnervt, sagt: »Mama, bitte ruf doch nicht dauernd wegen jedem Kleinkram an. Ich sitz hier auch an meiner Arbeit, und das bringt mich immer raus. Ruf nur an, wenn wirklich was los ist oder wenn wieder Post von der Bank kommt. Das besprechen wir dann zusammen.«

»Ist gut«, sagt die Mutter, leicht gekränkt.

Nach zehn Minuten ruft sie wieder an. Die Tochter reagiert heftig: »Ich habe dich doch eben gebeten …«

»Es ist Post von der Bank gekommen!«, triumphiert die Mutter. »Du hast gesagt, dann soll ich anrufen.«

Kleinlaut lenkt die Tochter ein. »Dann ist es gut. Was schreiben sie denn?«

»Ist nur Werbung!«, sagt die Mutter.

BILL HALEY

Als ich ein Teenager war, sang Bill Haley »Shake, rattle and roll« und »Rock around the clock«. Wir wussten nichts von Getto-Hits aus der Bluesszene, nichts von Gettos im Zweiten Weltkrieg, aber wir lebten im Nachkriegsgetto vermuffter Spießigkeit, in dem alles Störende verdrängt wurde. Hauptsache, Wiederaufbau, Hauptsache, wieder dazugehören.

Wir wollten nicht dazugehören. Wir waren dreizehn, fünfzehn. Wir sahen im Kino »Saat der Gewalt«. Unsere Eltern sahen Försterfilme. Was hätten wir mit ihnen reden sollen?

Als ich vierzehn war, kam Bill Haley mit seinen »Comets« nach Essen, und die Fans machten aus der Grugahalle Kleinholz. Die Zeitungen bezeichneten das als »Orgie der Unkultur«, und der Rheinische Merkur schrieb: »Ausgerechnet am Tag der Papstwahl so ein Komet der Triebentfesselung!«

Über den Papst im Dritten Reich schrieben sie noch viele Jahre lang nichts.

BLUMEN

Einmal ging ich etwas angeschlagen durch das schöne Villenviertel – so viele Prachthäuser, so riesige Gärten, so viel Geld, wo kam das her? Wie lebte man da drin? Mein kleines Leben in meinem kleinen Haus war gerade mal wieder zusammengekracht, ich hielt es draußen besser aus als drinnen, ging stundenlang durch die stillen Straßen, dachte mir Geschichten von anderen Leben aus.

Vor einer Villa in der Lindenallee hielt ein Jaguar. Ein Mann stieg aus mit einem großen Blumenstrauß. Er wickelte ihn aus dem Papier, hielt ihn in der Hand, sah ihn nachdenklich an. Dann sah er hoch, ich war gerade bei ihm angekommen, unsere Blicke trafen sich: seiner müde, angestrengt, ratlos, meiner wohl eher melancholisch, hoffnungslos, aber doch auch interessiert. Wir sahen uns etwas länger an als nötig. Dann reichte er mir den Strauß und sagte: »Nehmen Sie ihn. Sie freut sich sowieso nicht.« Gab mir die Blumen, warf das Papier auf die Rückbank, schloss das Auto, ging zum Tor, klingelte, stützte sich mit einer Hand an der Mauer ab, sah auf seine Schuhe, wartete, sah mich nicht mehr an. Ich stand da, bis das Tor sich hinter ihm schloss.

Ich bin jahrelang immer wieder an diesem Haus vorbeigegangen, habe ihn oder sein Auto nie mehr gesehen. Ich hoffe, er hat sich von einer Frau, die sich über solche Blumen nicht freut, getrennt und ist jetzt glücklich. Ich hätte gern seine Adresse, um mich zu bedanken.

Diese Geschichte ist mein Dank.

BÖRSENTRÄNEN

Der Mann im weißen Anzug hat nie erfahren, wie sehr ich ihn bewunderte und mich danach sehnte, so einen Mann neben mir zu haben. Sein Sohn, der ihm sehr ähnlich sah, verlas manchmal im Fernsehen die Börsenberichte. Dann saß ich da, hörte, wie der Dax gefallen war, und weinte.

Und mein Freund sah mich verblüfft an und vermutete heimliche Börsenverluste, von denen er nichts wusste.

Das, was er nicht weiß, ist aber viel schlimmer.

BRIEFE

Wenn meine Mutter Briefe schrieb, schrieb sie so sparsam, wie sie gern bei Aldi einkaufte:

»Lb. Elke,

lange nichts gehört. Schreib doch x. Frage wg. Weihn.: kommst du? + wenn, wann? Herzl. M.«

BRIEFTRÄGER

Unser neuer Briefträger begegnet mir in der Straße. Er ist sympathisch, abgeklärt, alt und raucht auf dem Fahrrad. Ich stelle mich vor, ich bin die mit der vielen Post. Er sagt seinen Namen: Wojciechowski, er grinst und buchstabiert. Ich sage: Aha!, und verabschiede mich schnell, denn ich will mir den Namen merken. Bis zu meiner Haustür murmele ich ihn vor mich hin. Wojciechowski, Wojciechowski, ich grüße die Nachbarin nur flüchtig, Wojciechowski, ich darf das nicht vergessen. Zu Hause notiere ich den Namen und hefte ihn an mein schwarzes Brett und vergesse ihn sofort.

Zu Weihnachten stecke ich eine Karte mit Dank und zwanzig Euro in einen Umschlag, den ich an den Briefkasten klebe. »Für Herrn Wojciechowski« steht drauf.

Es klingelt. Der Briefträger bedankt sich, und ich sage: »Das ist doch selbstverständlich.« »Nein«, sagt er, »dass Sie sich meinen Namen gemerkt haben, das hat in all den Jahren noch keiner.« »Ich bitte Sie«, sage ich, »ich arbeite ja, wie Sie wissen, mit Wörtern, mit Büchern, da ist das doch ein Kinderspiel!« »Trotzdem«, sagt er und geht.

Ich schließe die Tür, denke: Wie heißt er? Und gucke nach am schwarzen Brett.

BRÜDER I

Immer wieder war ich in Brüder verliebt. Meist lernte ich zuerst den Jüngsten kennen, den mir im Alter nächsten, und wir blödelten herum und alberten im Schwimmbad, wo dann der Ältere auftauchte, mit dem ich tanzen und ins Kino gehen konnte. Viermal ist mir das passiert, viermal habe ich für Kräche unter Brüdern gesorgt, aber das fünfte Mal war es am verrücktesten. Ich hatte mich in einen schönen Abiturienten verliebt, älter als ich, wir waren ein paar Wochen zusammen, aber er musste so viel fürs Abitur lernen, und eines Tages überreichte mir ein noch schönerer Jüngerer einen Zettel: »Mein Bruder muss lernen.« Und ich verliebte mich auf der Stelle in den noch schöneren Jüngeren. Als wir ein paar Monate und viele Küsse zusammen waren, beide siebzehn, nahm er mich mit zu sich nach Hause. Und da lernte ich den dritten Bruder kennen, den ältesten. Er studierte Medizin, nahm mich mit auf die frivolen Medizinerbälle und brachte mir einiges an Anatomie bei, was ich noch nicht wusste.

Mein Leben lang war ich leicht entflammbar, ein Erbe meines Vaters. Noch immer aber träume ich nachts von diesen drei wunderbaren Brüdern, möchte sie wiedertreffen, wissen, was aus ihnen geworden ist, heute nähme ich jeden von ihnen und wäre – vielleicht – treu.

BRÜDER II

Meine Lieblingsbrüder sind Thanatos und Hypnos. Sie sind überwiegend nachts unterwegs.

Hypnos bringt den Schlaf, Thanatos den Tod, und der Sohn des Hypnos, Morpheus, ist auch oft mit dabei, er bringt die Träume. Morpheus kann die Züge derer annehmen, die wir lieben, die wir vermissen, verloren haben. Im Schlaf glauben wir sie zu umarmen, aber wir umarmen nur Luft.

Aristoteles hatte Angst vorm Schlaf, denn er konnte ihn trotz seines scharfen Verstandes nicht durchschauen, begreifen, erklären. Wenn er müde wurde, nahm er eine schwere Metallkugel in die Hand, und wenn er dann wegsackte in den Schlaf, polterte die Kugel zu Boden und weckte ihn wieder. Aber irgendwann kam Hypnos und überwand seinen Willen, und Morpheus schickte ihm Träume, und Thanatos machte dem allen eines Tages ein Ende.

BUDDHIST

Mein Freund ist Hoteldirektor, immer in besten Häusern. Einmal, in Interlaken, bekam er von einem jahrelangen Stammgast ein riesiges, schweres Paket. Das Paket enthielt ein komplettes 12-teiliges Silberbesteck, mit Suppenkelle und Tortengabeln und allem, was dazugehört.

Und einen Brief des Stammgastes, handgeschrieben.

»Lieber Herr B.«, schrieb er, »das alles habe ich im Laufe der Jahre in Ihrem Hotel gestohlen. Ich bin gerade dabei, mein ganzes Leben zu ändern, ich werde Buddhist. Das heißt, ich trenne mich sowieso von Dingen, aber auch von Schuld. Darum sende ich Ihnen hier Ihr Besteck zurück, um meine Seele und mein Gewissen frei zu machen.«

Mein Freund sagt, seitdem stehe er den diebischen Anwandlungen von Hotelgästen viel gelassener gegenüber. »Eines Tages werden sie vielleicht Buddhisten«, denkt er, »dann kommen Salzfässchen, Bademäntel und Handtücher ganz sicher zurück.«

CHAKRA

»Schlechtes Chakra heute«, sagt meine Friseuse, als ich komme, und runzelt die Stirn. »Auch deine Aura, da stimmt ja gar nichts.«

Und als ich mich verabschiede, sagt sie: »Ich weiß, du lachst darüber, aber du solltest donnerstags nur auf der linken Straßenseite gehen, du darfst dich nie auf grüne Korbstühle setzen und in Monaten mit R kein Kernobst essen.«

»Warum?«, frage ich, und sie sagt bedeutungsschwer: »Ich sehe das.«

Nächsten Monat kann sie mir leider nicht die Haare schneiden, da ist sie in Norwegen zum Hellhören. Nicht Elfen und Trolle *sehen*, sondern nachts im Wald *hören*.

Ob sie dort raunen hört, dass ich an Tagen mit einem F besser keine Bratkartoffeln essen sollte?

Ich liebe meine Friseuse. Sie zeigt mir, dass es auf so viele verschiedene Weisen möglich ist, das Leben auszuhalten.

Es war ein Treffen von Krimiautoren gewesen, ich war nur zufällig im selben Hotel und saß an der Bar mit einer netten Autorin, die mir erklärte, wie wichtig es sei und wie schön und wie entspannend, Kriminalromane zu lesen. Ich hielt tapfer dagegen. Ein Mann setzte sich zu uns mit dem klassischen Satz: »Na, Mädels, so allein?« Sie kannte ihn auch nicht, er war kein Autor, sondern Zufallsgast wie ich. Er blähte sich mächtig auf. Er unterhielt uns. Er baggerte uns an. Er riss alles an sich, Nüsschen, Gespräche, unsere Zeit. Als er merkte, dass wir nicht auf ihn abfuhren, wurde er pampig, beschimpfte uns als intellektuelle Hühner, frustrierte Weiber, blöde lesbische Tussen und zahlte seine sechs Bier auf Zimmer 57.

Als er weg war, bestellten wir die teuerste Flasche Champagner (182 DM) auf Zimmer 57 und hatten noch lange gute Gespräche pro und contra Krimilesen.

Kleine Strafe musste sein.

Von Palermo aus sind es nur knapp fünfzig Kilometer nach Corleone. Leoluca Orlando stammt aus Corleone und war lange Jahre Bürgermeister von Palermo. In diesen Jahren hat er es geschafft, alle Mafiabosse aus Corleone hinter Schloss und Riegel zu bringen. Es ruinierte sein Leben und seine Gesundheit, jahrelang schlief er jede Nacht an einem anderen Ort und lebte hochbewacht hinter Panzerglas, um nicht erschossen zu werden wie Richter Falcone und sein Mitstreiter Borsellino und so viele andere. Aber mir wollte er Corleone jetzt stolz zeigen, es sei schön, und es sei sicher. Er schickte mir einen Leihwagen zum Hotel – in seinem Auto durfte niemand außer schwerbewaffneten Leibwächtern mitfahren. Er wies mich an, was auch passieren würde, nicht anzuhalten, immer hinter ihm zu bleiben, im selben Tempo, keine Ampel zu beachten – es ging los.

Es ging so rasant los, dass ich seinem dicken Fahrzeug mit schwarzen Fenstern bald schon nicht mehr folgen konnte. Sie merkten es, fuhren etwas langsamer, und wir rasten durch wunderbare Gegenden, Berge, Felder, nirgends wurde auch nur eine Sekunde angehalten oder gebremst, alle ließen uns vorbei, alle kannten diese Limousine, und ich hing als Schwänzchen hintendran.

In Corleone, einst Hochburg der Mafia, idyllisches Bergdorf mit vielleicht zehntausend Einwohnern: Auf dem Marktplatz steigen zuerst drei schwerbewaffnete Kerle aus, blicken sich finster lange um. Dann Leoluca – in Hemdsärmeln, lachend, Leute begrüßend, ohne Angst. »Nirgends«, sagt er, »bin ich so sicher wie hier. Hier sind ja nur noch die Frauen und die Kinder.«

Ich hatte leise Zweifel. Unter den Kindern heranwachsende Söhne von Vätern, die im Gefängnis saßen. Wir bewegten uns den ganzen Nachmittag frei und ungezwungen im Ort, aber immer hatte ich das Gefühl, irgendein Gewehr würde auf uns zielen.

Zurück bin ich langsam und auf anderen Wegen gefahren als er.

DALLAS

Irgendeine verhärmte Blondine, die in der Fernsehserie »Dallas« vom Bösewicht JR Ewing um Vermögen, Gatte, Glück und Schönheit erleichtert und ruiniert worden war, brachte es auf den Punkt: »Diese Familie«, sagte sie, »kann machen, was sie will: Sie kommt immer ungeschoren davon.«

Ja, so wollen wir doch eigentlich auch alle sein: bösartig, raffgierig, egozentrisch, fidel, Wollschafe im dicken Pelz, die nie geschoren werden, nie frieren müssen, nichts leisten – nur einfach da sein und nehmen.

DEMO

Ich wohne im vornehmen Frankfurter Hof und finde abends auf dem Bett einen Zettel:

»Dear guest, we are expecting a demonstration in front of the hotel on Friday morning …« Wir werden gebeten, den Hinterausgang des Hotels zu benutzen, um nicht belästigt zu werden.

Ich benutze, Demo-erprobt, natürlich den Vorderausgang und stoße auf ein Grüppchen von exakt fünf Menschen, die frierend ein Schild tragen: »Kein Griechenöl für Jugopanzer.«

DESASTER

Mein Freund, der kluge Philosoph, moderiert live vor Publikum eine Radiosendung mit vier Schriftstellern. Thema: Erotische Literatur.

Die zarte Französin will kein Deutsch mehr sprechen.

Der Intellektuelle spricht ganz leise, näselt und benutzt nie gehörte Fremdwörter.

Der Schweizer hat einen Sprachfehler und ist kaum zu verstehen.

Der berühmte Dichter wirft das hohe Haupt zurück und spricht: »Dazu kann ich nichts sagen!« oder: »Darüber habe ich noch nicht nachgedacht!« oder: »Diese Frage stellt sich mir nicht.«

Der Moderator versucht alles, kommt aber keinen Schritt weiter mit dieser Runde. Nach einer Viertelstunde wird abgebrochen. Man sendet Musik vom Band. Im Flur des Sendesaals wird für das Publikum rasch ein Fass Bier aufgestellt, damit keiner murrt.

Ich war keiner von diesen Teenagern, die Lippenstifte oder Wimperntusche klauten, ich interessierte mich nie für Kosmetik. Bücher und CDs habe ich auch nie gestohlen, dafür liebe ich sie zu sehr. Aber einmal habe ich einen Diebstahl begangen, und nicht zu knapp.

Wir hatten ein Haus in Italien, und im Garten fehlte noch ein Tisch. Wetterfest sollte er sein, ewig und schön. Schwer zu finden. Und dann eines Tages, wir spazieren am frühen Morgen durch ein kleines Städtchen am See zum Markt, ein Restaurant öffnet und stellt die über Nacht angeketteten Stühle auf. Die Tische stehen schon. Einer so schön wie der andere: Metall, grün, verzierte geschwungene Beine, Jugendstil, wundervolle Verzierungen, und er sieht mich an und sagt, ohne nachzudenken:

»Ich vorne, du hinten.«

Wir nehmen den Tisch, an dem wir gerade vorbeigehen. Er vorne, ich hinten. Wir gehen einfach weiter, aber jetzt etwas schneller, mit gewaltigem Herzklopfen, noch ließe sich alles irgendwie als Scherz deklarieren, aber als wir um die nächste Ecke verschwunden sind, hat der Scherz ein Ende. Das ist Ernst.

Wenn wir die hintere Tür offen lassen, ragt der Tisch etwas aus dem Kombi. Ich fahre, er sitzt hinten und hält die schön geschwungenen Tischbeine fest.

Das Haus in Italien gibt es nicht mehr, diesen Mann gibt es in meinem Leben auch nicht mehr. Ich habe neulich mit meinem neuen Freund in derselben Kneipe in Italien ein großes, teures Abendessen mit einem großen Trinkgeld bezahlt. Sie haben neue Tische. Keine Ahnung, wo die alten sind. Nur der eine, der steht noch bei mir. Sehr schuldbewusst liebe ich ihn.

Ich hatte einen Freund, der so ein Frauenheld war und seinen Ruf, als sein Stern zu sinken begann, derart verbissen verteidigte, dass er auf Reisen immer ein Paar Damenschuhe mitnahm. Die stellte er nachts zu seinen Schuhen vor die Zimmertür im Hotel, damit niemand auf die Idee kommen könnte, er wäre etwa allein.

DROGEN

Der wilde Walter hatte mal wieder eine Nacht durchgemacht mit Ecstasy, Trommeln, Tanzen, Techno, eine Nacht in den KHD-Hallen in Köln, und dann landete er noch irgendwo, er weiß nicht mehr wo, und als er morgens um sieben auf die Straße trat, hörte er einen ohrenbetäubenden Knall und sah zwei große Häuser vor sich in Schutt und Asche sinken.

Er kauerte sich weinend auf den Boden, tief erschüttert, voller Angst vor solchen Halluzinationen, und er schwor, nie wieder Drogen zu nehmen. Dann fuhr er mit dem Taxi nach Hause, schlief sich aus und las später in der Zeitung von der Sprengung zweier Häuser durch den Gerling-Konzern.

Drogen hat er nicht mehr genommen.

Da hat Gerling doch mal was Gutes getan.

ELIENNE

Meine Freundin Elienne liegt im Sterbehospiz, es geht zu Ende. Lange dachte sie, die Schmerzen in ihrem Rücken kämen davon, dass sie ihr Leben lang als Bildhauerin schwere Steine bearbeitet hat, bis klar war, dass der Krebs alles zerfressen hatte und es zu spät war. Ich sitze lange bei ihr und sehe ihr schönes Gesicht. Sie schläft tief, sie sieht friedlich aus, sie hat keine Schmerzen mehr. Ich halte ihre Hand und erzähle leise von all unseren Begegnungen, weißt du noch, Elienne, wie wir nachts Stockrosensamen vor den langweiligen Häusern versenkt haben? Du solltest es jetzt sehen, deine Stockrosen blühen überall. Weißt du noch, die Katze in deinem Garten, die immer wie ein Gespenst plötzlich auf dem Tisch saß und dann wieder verschwand? Weißt du noch, wie wir in der Ausstellung waren, die Pup! hieß und in der es nur um Scheiße ging? Die Geschichte des Klos, verschiedene Tierhaufen unter Glas, zum Raten, wir haben so gelacht, weißt du noch?

Als ich alles erzählt habe, gebe ich ihr einen letzten Kuss auf die Stirn, weine und gehe für immer. An der Tür drehe ich mich noch einmal um. Sie hat die blauen Augen geöffnet und sagt: »Liebe, liebe Elke.« Dann schließt sie die Augen wieder.

Sie ist am nächsten Tag gestorben.

Liebe, liebe Elienne.

Als meine Mutter achtzig wurde, wollte sie energisch noch etwas Neues lernen und begann einen Englischkurs an der Volkshochschule. Sie kam mit ihrem Lehrbuch zu mir, ich sollte sie abhören.

Sie las sehr langsam und unsicher: »Oooooooh, Elizabeth …« Sie sah hoch. »Man muss das lispeln. Der Engländer lispelt bei s. Ich weiß zwar nicht, warum, aber der lispelt.«

»Ja«, sage ich vorsichtig, »aber der lispelt nur beim th, nicht beim z von Elizabeth.«

»Warum das denn?«

»Ist eben so.«

Sie liest weiter: »Oh, Elizabeth, what are you doing.« Doing spricht sie mit o.

»Es heißt du-ing«, sage ich.

»Hier steht aber o.«

»Ja«, erkläre ich etwas blöd, »es kommt von to do, tun, mit u, man sagt du-ing.«

Sie traut mir nicht so ganz, aber dann liest sie seufzend den Satz nun richtig noch einmal: »Oh, Elizabeth. What are you du-ing.« »Prima«, sage ich.

Sie traut sich an den nächsten Satz.

»Ooooooh, Henry, where are you …« Sie zögert lange, ich ahne Schlimmes, dann kommt es, triumphierend: »… gu-ing.«

»Hier heißt es go-ing«, sage ich, »mit o.«

Wütend klappt sie ihr Buch zu.

»Mal soll es u heißen, mal o, du weißt doch selber nicht Bescheid. Wenn man dich schon mal was fragt.«

Kaspar, der kleine Sohn von Freunden, bleibt während einer Amerikareise der Eltern bei uns. Er fragt viel über Amerika, ich erzähle ihm von der Entdeckung Amerikas, von Kolumbus, von dem Segelschiff, den langen Irrfahrten der Männer aus Europa über das große Meer.

Wir sehen uns einen Bildband über New York an. Kaspar blättert, schaut und sagt dann: »Mann, was müssen die gestaunt haben, als die nach Monaten mit dem Schiff da ankommen und dann finden die New York und alles voll Wolkenkratzer, sowas hatten die doch noch nie gesehen!«

Ich sitze in der S-Bahn von Wiesbaden nach Mainz zu meinem Anschlusszug, ich sitze in der ersten Klasse. Außer mir sind hier nur noch ein alter Mann, der liest, und ein etwa fünfundzwanzigjähriger Rüpel, der die Füße auf den Sitz legt und in sein Handy schreit. Ich sage: »Reden Sie mal bitte etwas leiser.« Daraufhin schreit er in sein Telefon: »Hier ist so eine alte jüdische Hexe, die will mir das Telefonieren verbieten. Schade, dass es für solche keine KZs mehr gibt.«

Der alte Mann und ich sehen uns sprachlos an, uns fällt nichts ein, was wir auf diesen ungeheuerlichen Satz antworten könnten.

Monate später bin ich mit einem farbigen Freund über Land im Auto unterwegs, und wir haben uns irgendwie verfahren. Er steigt aus und fragt ein paar Jugendliche nach dem Weg. Antwort: »Was suchste denn, die Gaskammer, wo du hingehörst?«

Wie lebt man in einem solchen Land? Was macht ein solches Land mit seiner Jugend, dass sie so spricht? Denkt sie auch so? Denkt sie überhaupt?

Wie bleibt man tolerant?

ERBEN

Der schmuddelige, verlebte, etwas rattige Bekannte aus alten Tagen überfällt mich unangemeldet am Sonntagmittag. Er sagt: »Es ist mir etwas peinlich, aber letztlich ist es eine gute Nachricht: Ich werde Millionen erben.«

»Wie schön für dich«, sage ich und wundere mich nicht, dass er mir das erzählt, denn ich bin sicher, der Pferdefuß kommt schon noch.

Und da ist er: »Aber«, sagt er, »ehe ich an das Erbe drankomme, und es sind wirklich Millionen, muss ich 100 000 Euro Steuerschulden des Erblassers bezahlen. Ich dachte, du …?«

Ich mache ihm sofort zweierlei klar: Erstens habe ich keine 100 000, und zweitens glaube ich die Geschichte nicht. Trotzdem sage ich: »Schalte einen Anwalt ein, sowas kann man nicht allein regeln.«

»Der kostet ja nur wieder Geld«, sagt er und schnäuzt sich in ein altes schmutziges Stofftaschentuch, das er zuvor lange nach einer sauberen Stelle absucht. Mich würgt der Ekel, ich möchte, dass er geht.

»Du kennst doch«, sagt er, »so viele Fernseh- und Filmfuzzis. Kann man da niemand abgreifen?«

Was tut man mit Menschen, die derart mit einem reden?

Er verdirbt mir den ganzen schönen Sonnentag. Mich ekelt noch immer. Ich hoffe, er erbt hunderttausend Millionen und erstickt unter ihnen. Oder kauft sich wenigstens neue Taschentücher.

ERNTE

Ferien in Italien, Herbst, auf dem Land. Ich mache einen langen Spaziergang mit dem Hund über Felder und Dörfer. An den Bäumen hängen vertrocknete Feigen, kleine rote Äpfel, harte süße Birnen. Nüsse und Kastanien wie ein Teppich auf dem Boden. Alles verrottet, hier erntet keiner mehr. Wir kaufen Feigen, Nüsse, Obst abgepackt im Supermarkt, die Ware kommt aus Kenia oder Südamerika. In den Bäumen leuchten orangefarben die Khakifrüchte wie traurige kleine Sonnen.

Als ich ein Kind war, feierten wir in der Kirche das Erntedankfest und brachten Brot, Früchte, Eier, die wurden dann an die Armen der Gemeinde verteilt.

Ist heute niemand mehr arm?

ERZÄHLEN

Ulrich konnte erzählen wie niemand sonst. Wenn er in Fahrt geriet, überschlugen sich die Bilder, ich verstand oft nicht einmal, worum es in seinen Geschichten ging, aber die Farben, die Worte, den Witz, bis heute habe ich davon Klänge im Ohr, Unzusammenhängendes, und wenn ich nachts nicht schlafen kann, rauscht Ulrichs Stimme durch mein Ohr mit Satzfetzen …

»… und dann brachte Frau Petri diese Zweihundertfünfzig-Mark-Pute von Brock zu Ofen, und hereingetragen wurde sie von zwei kleinen Nubiern, abgedeckt mit Aluminiumpapieren, weißt du. Und sie hatte ein Messer, so scharf, wenn man es nur ansah, hatte man sich schon geschnitten. Und damals hat Frau Hahnemann in ihrer eigenen Küche das Erbgut der Zwiebel isoliert, das kannst du nachmachen, du musst die Zwiebel kleinhacken, sie in Spüli und Salzwasser auflösen, durch einen Kaffeefilter schütten, Waschmittel dazutun und die Proteine raustrennen. Ein Schuss reiner Alkohol, und das Erbgut steigt im Reagenzglas nach oben. Und weißt du, die amerikanische Post hat gesagt, wenn nach dem Atomkrieg noch irgendwas da ist, Post oder Adressen, dann liefern wir auch aus. Ich rede und rede, dabei bin ich traurig, weißt du. Ich hab auf diese Frau so lange gewartet, aber gelohnt hat es sich nicht, aber manchmal ist es draußen einfach zu dunkel für einen allein. Meine Seele ist irgendwie bei ihr hängengeblieben, und da zieptes jetzt immer so. Weißt du, sie hatte diese Haare, durch die man barfuß laufen möchte …«

Eine alte Dame steht unschlüssig vor den Gemüse- und Obst-
auslagen im Supermarkt. Ich komme und kaufe Avocados und
Artischocken. Sie starrt in meinen Einkaufswagen und sagt
dann: »Darf ich Sie was fragen?«

Natürlich darf sie. »Wie isst man das?«, fragt sie und zeigt
auf die stacheligen Artischocken. Ich erkläre ihr, wie ich sie
esse: In Salzwasser kochen, eine Sahnesauce mit Muskat und
Zitrone machen, Blättchen abzupfen, eintauchen. Das Herz
von Haaren befreien und als letztes essen.

»Und das schmeckt?«, will sie wissen. Das kann ich versichern, und erkläre auch, was man mit Avocados machen kann.
»Früher gab es das alles nicht«, sagt sie. Und endlich kann ich
die Gelegenheit beim Schopf ergreifen, auf die ich schon so
lange warte. »Wissen Sie noch, was Stielmus ist oder Mangold,
und wie man das macht?« Jetzt blüht sie auf, natürlich weiß
sie das!

Wir haben uns noch öfter getroffen. Ich kann jetzt besseren
Kartoffelsalat machen, und sie hat die Auberginen für sich ent-
deckt. Litschis und Physalis haben wir zusammen zum ersten
Mal ausprobiert und uns angesehen: »Braucht man das?«

FENSTER

Gegenüber meiner alten Wohnung waren zwei hässliche Fünfziger-Jahre-Häuser, Nr. 29 und Nr. 31. Im obersten Stock von Nr. 29 wohnte ein unangenehmer Mann, der halbe Tage im Unterhemd auf dem kleinen Balkon saß, manchmal Fußgänger oder Autofahrer anpöbelte und billige Zigarren rauchte, deren Gestank oft so zu mir herüberzog, dass ich das Fenster schloss. Die Kippen warf er auf die Straße. Seltsamerweise stand in einer Ecke des Balkons ein Netz an langer Stange, so eins, mit dem man Schmetterlinge fängt oder vielleicht Krebse am Strand. In der Wohnung daneben, auf gleicher Höhe, aber in Nr. 31, wohnte eine freundliche Frau, sie hatte keinen Balkon und winkte manchmal nett zu mir herüber. Eines Tages – und danach sah ich es dann öfter – erschien sie mit einem kleinen Essenstöpfchen, rief etwas zu dem Mann hinüber, und er holte das Netz aus der Ecke. Sie legte vorsichtig das Töpfchen hinein, und er verschwand zum Essen in der Küche. Sie sprachen aber nie miteinander. War er fertig, klopfte er unwirsch mit dem leeren Netz an ihr Fenster, bis sie öffnete, dann legte er das Töpfchen hinein, und sie nahm es wieder an sich, wortlos, beide.

War sie seine geschiedene Frau oder eine abgelegte Geliebte, die noch für ihn sorgte? Hatte die Frau nur Mitleid mit ihm? Wie gut kannten sie sich? Diese Geschichte muss ich mir unbedingt noch ausdenken.

Ach, meine esoterisch angehauchte Freundin Marga!

Sogar die kluge Katharina glaubt jetzt, dass Marga mit Beschwörung und Handauflegen etwas ausrichten kann gegen ihre Rückenschmerzen. Reiki heißt die neue Kunst. Wir fahren zusammen hin, ich sitze im Wohnzimmer, nebenan in der Küche liegt Katharina auf einer Steppdecke auf dem Küchentisch. An der Wand ein Bild: Ein alter Chinese, auf einen Stock gestützt, blickt weißen Wolken im blauen Himmel nach. Schummerlicht, eine CD mit Beruhigungsmusik, die mich eher in den Irrsinn treibt vor lauter Formlosigkeit, ein Glöckchen klingelt. Marga murmelt. Funktioniert das, was auch immer sie da jetzt macht? Meiner Meinung nach funktioniert es so wenig wie Rock 'n' Roll bei südchinesischen Reisbauern.

Katharina ist still. Leichtes Stöhnen. Das Glöckchen klingelt wieder. Was mach ich hier? Ich lese ein Buch von Leon de Winter über eine Ehekrise, der Mann verlässt Frau und Kinder, hat sich neu verliebt. Seine Frau fleht: Du kennst sie doch erst ein paar Tage, überleg dir das noch mal. Aber er sagt, dass ihn seine Ehe erdrückt und dass er das ewige Überlegen leid ist, er will endlich fühlen. Das sind Zustände, die ich sofort begreife.

Was fühlt Katharina da auf dem Küchentisch? Marga brummt etwas Ähnliches wie Ommm. Ich gehe zum Pinkeln in den Garten, denn zum Klo müsste ich durch die Küche. Die Plätschermusik läuft in Endlosschleife, ich bin wütend über die vergeudete Zeit, und Marga und Katharina kommen nach 40 Minuten beseelt aus der Küche. »Das war aber schön«, sagt Katharina und reibt sich den Nacken. »Der Mönch Mikao

Usi«, sagt Marga, »hat im 19. Jahrhundert die Kunst des Hand-
auflegens wiederentdeckt. Und er nennt uns fünf Lebensre-
geln, willst du sie hören?«

Ich will natürlich nicht, aber Marga ist nur schwer zu bremsen und erzählt von Ehrlichkeit, Dankbarkeit, die Lehrer eh-
ren und so weiter. Wir verabschieden uns, ich stöhne, als ich
meine Tasche aufhebe, mein Rücken ist auch nicht in Ordnung. Marga zeigt auf den Küchentisch, ich wehre ab. Wir
fahren, und als ich zu Hause bin, ruft Marga an: »Ich kann
auch Fernreiki machen«, sagt sie. »Du müsstest dich nur auf
deinen Tisch legen und konzentrieren und dran glauben,
dann wirkt es!«

Ja, vielleicht legt sich der Mann in Leon de Winters Roman
auch noch mal auf den Tisch und denkt nach? Er will lieber
fühlen. Ich auch. Lieber fühle ich Rückenschmerzen, als dass
ich an Fernreiki glaube.

FESTLICH

Markt in Köln-Nippes, das ist Klein-Istanbul. Ein Türke will zu Weihnachten einen Pullover kaufen, für seine Frau. Die rheinische Verkäuferin fragt: »Watt Einfachet oder sollet mehr so im Festlischen reingehen?«

»Für Frau«, sagt er, »Pullover für Frau, so dick.« Und er zeigt einen Busen, einen Umfang.

»Einfach oder festlisch?«, beharrt die Verkäuferin, und er sagt ungeduldig: »Einfach Pullover. Für Frau.«

Es wird ein grauer Glitzerpullover mit einem rosa Paillettenherz in der Mitte. Also tatsächlich doch mehr so im Festlichen rein.

Ende der achtziger Jahre, kurz nach der Wiedereröffnung des legendären Apollo Theatre in Harlem, New York, war ich dort bei einer der *Amateur Night Shows*, die jeden Mittwoch stattfinden. Das Theater ist berühmt für Auftritte ausschließlich schwarzer Künstler vor fast nur schwarzem Publikum – Ella Fitzgerald hat hier gesungen und Billie Holiday, James Brown wurde nach seinem Tod 2006 im Apollo aufgebahrt und Michael Jackson gewann Ende der sechziger Jahre den Amateur-Abend als junger Teenager. Auf die Bühne darf, wer immer will: Schlechtes wird gnadenlos ausgebuht, Gutes bejubelt. Im Theater ist eine wunderbare Stimmung, auch die wenigen weißen Zuhörer an unserm Abend damals waren ungefährdet, aber irgendwann waren sie alle weg – außer uns: meinem Freund und mir. Wir hatten vor lauter Spaß die Zeit vergessen, und es war weit nach Mitternacht, als wir das Theater verließen. Um die Zeit ist oder war es in Harlem gefährlich, in den Mülltonnen brannten Feuer, wir wurden unfreundlich umringt und gefragt, was wir hier zu suchen hätten, und wir hatten nicht daran gedacht, ein Taxi vorzubestellen. Doch als die Situation wirklich ungemütlich wurde, kam zum Glück eines vorbei – schon außer Dienst, aber der Fahrer, ein Schwarzer natürlich, hielt trotzdem. Er schimpfte sehr mit uns: Nicht mal er würde um diese Zeit noch mit Kundschaft und Geld durch Harlem fahren, wir seien leichtsinnige Idioten. Aber er war bereit, uns von der 125. Straße in unser Hotel in der 43. zu bringen. Wir stiegen erleichtert ein, und ich sah sein Namensschild: Er hieß Richard Ford. Richard Ford, sagte ich, nun bringt er mir Glück, er ist mein Lieblingsschriftsteller. Der Fahrer brummte: »Klüger hat Sie das nicht gemacht. Ich hoffe, damit verdient er wenigstens mehr Geld als ich.«

FRAGE

Zwei junge Männer in der Straßenbahn, folgender Dialog:

»Gehst du noch immer mit der scharfen Französin?«

»Nein. Sie hat die falsche Frage gestellt.«

»Welche?«

»Was denkst du.«

FREAKS

Zwei Freaks in Berlin:

»Gehst du nachher noch zu den japanischen Gothic-Rockern?«

»Nee, ich guck mir lieber die isländische Rollschuh-Dudelsack-Disco an.«

Sie hatte gedacht, er wäre ihr Freund. Sie haben sich oft getroffen, immer wieder auch zusammen gearbeitet, gelacht, sie haben sich sehr intime Dinge anvertraut.

Briefe gingen hin und her, handgeschriebene, über viele Jahre, und wenn sie sich trafen, war es vertraut und schön.

Dann fiel sie in ein Loch, erbat seine Hilfe, dringend. Er schwieg. Sie schlitterte in ein privates und berufliches Desaster. Das private stand sie durch, im beruflichen ersetzte er sie schweigend sofort. Und als sie sich ihm auf der Buchmesse näherte, hörte sie ihn sagen: »War sie da nicht gerade? Man muss sie sich warmhalten, sie hat viel Einfluss.«

Wie konnte sie sich so irren? Sie mag ihn noch immer, weil sie es einfach nicht versteht. Wann war die falsche Abzweigung? Manche Freundschaften zerbrechen aus heiterem Himmel. Heiter? Sie zerbrechen. Nichts ist daran heiter.

FREUNDIN

Meine beste Freundin ist sehr viel jünger als ich. Als wir uns kennenlernten, war sie siebenundzwanzig und ich fünfzig. Wir haben uns von Anfang an und bis heute, mehr als zwanzig Jahre später, immer sehr gut verstanden, aber bei ihren vielen sportlichen und körperlichen Aktivitäten konnte ich schon damals nicht mithalten. »Werd du mal fünfzig«, sagte ich, »dann siehst du schon.«

Als ich sechzig war, erklärte ich ihr meine zeitweisen Tiefs und Traurigkeiten mit dem Älterwerden: »Werd du mal sechzig«, sagte ich zu ihr, die jetzt siebenunddreißig war. »Dann wirst du mich schon verstehen.«

Als ich siebzig wurde, sprach ich manchmal vom Sterben und davon, dass ich jetzt mal den Speicher aufräumen und kompromittierende Tagebücher verbrennen müsse. Sie verstand das nicht, ich sagte: »Das verstehst du schon, wenn du mal siebzig bist. Du wirst dann an mich denken.«

Und plötzlich explodierte sie: »Seit über zwanzig Jahren höre ich mir das jetzt an, werd du mal fünfzig, wenn du mal sechzig bist, wirst du mich verstehen, wenn du siebzig wirst, wirst du an mich denken – und? Inzwischen bin ich fast fünfzig, und ich sehe gar nichts und ich verstehe nichts und ich denke auch nicht dauernd an dich.«

Jetzt sage ich nichts mehr in der Richtung, werde vergnügt achtzig und sehe ihr beim Sechzigwerden zu.

FRÜHSTÜCK

Mit meinem Freund Carlo war ich bis zum Morgengrauen in unserer Stammkneipe versackt, und dann wurden wir im Schlachthof wegen Trunkenheit nicht zum Frühstück reingelassen. McDonald's hatte noch geschlossen, nur der Drive-in-Schalter war offen, und Carlo machte so lange tüüüt-tüüüt und spielte ein Auto, bis wir lachend bedient wurden: zwei Hamburger, 15 Dosen Bier hatten wir schon am Kiosk besorgt, aber wo verzehren, im Regen, in der Kälte des frühen Morgens?

Carlo wusste immer Rat. Er rief ein Taxi, ließ es mit laufender Uhr am Straßenrand halten, wir frühstückten in aller Ruhe, es kostete 25 Mark.

Alles nicht so ganz politisch und ökologisch korrekt, aber freundschaftlich ein Frühstück erster Klasse.

GEHT DOCH

In Dresden wohne ich etwas abseits der prächtigen Altstadt in Richtung Plattenbau, ein neues 08/15-Hotel. Ich will in der Nacht nach der Lesung und den Bierchen, die getrunken wurden, noch ein paar Schritte laufen und verlaufe mich prompt, gehe an endlosen Plattenbaureihen entlang, habe die falsche Straße erwischt. Alles menschenleer, es ist nach Mitternacht, und ich schleppe diesen riesigen, dummen Katzenkalender mit mir herum, den mir die Buchhändlerin geschenkt hat. Seit ich »Nero Corleone« geschrieben habe, kriege ich dauernd Katzenkalender geschenkt. Wo soll ich dieses Monstrum bloß unauffällig entsorgen?

Ein Mann in Joggingklamotten mit unfreundlich aussehendem Hund kommt, ich frage ihn tapfer nach meinem Hotel. Sonst ist ja weit und breit niemand zu sehen. Er sieht mich an und sagt dann in schönstem Sächsisch:

»Se könn mit mir gähn. Ich gäh mit dem Hund durch die Hinderhöfe, da kann er loofen, und näher ist es ooch. Aber Se könn ja denken, dass ich Se dann überfalle, ausraube und verjewaltije. Dann hat des keenen Sinn. Wenn Se des nich denken, komm Se jetzt mit.«

Ich denke es nicht, gehe mit, durch finstere Hinterhöfe, quer über Parkplätze, und plötzlich stehen wir vor meinem Hotel.

Er sagt: »Geht doch.«

Ich gebe ihm aus Dank den Katzenkalender und kann nur hoffen, dass er irgendeine Wand hat, auf die der passt. Gleich zwei Probleme wunderbar gelöst – geht doch!

GESICHTER

Ich kannte einen Mann, der war für meinen Geschmack bild-
schön. Volle, sinnliche Lippen, dunkles Haar, schmale helle
Augen, er war gut gewachsen, bewegte sich elegant – er hätte
ein Traummann sein können, aber ich kannte ihn gut und
wusste um seinen Charakter. Er war unehrlich, er betrog seine
Frau mit Freundinnen, die er wiederum mit anderen Frauen
betrog. Er war eitel und neidisch und zynisch. Er war einfach
nur schön, aber man musste sich vor ihm hüten.

Und ich kannte einen Mann, der gar nicht schön war, aber
liebevoll, gütig. Er war ein wenig zu klein, ein wenig zu dick,
sein Gesicht wies Unregelmäßigkeiten auf, aber er strahlte,
wenn man ihn ansah, und man fühlte sich wohl in seiner Ge-
genwart. Man konnte sich auf ihn verlassen.

Beide traf ich Jahre später wieder, alt geworden. Der Schöne
war verwüstet, grob, kalt, der andere hatte ein gutes altes Gesicht mit weichen Zügen, offen und herzlich.

Schon bei Dorian Gray haben wir ja gelesen, was Charakter
aus einem Gesicht macht. Es ist eine Parabel. Wenn man die
Wahrheit im Leben selbst überprüfen kann, ist es ein erschre-
ckendes Lehrstück.

Die Kabinen bei der Physiotherapie liegen eng nebeneinander, dünne Wände, Vorhänge. Mein Therapeut knetet schweigend meinen Rücken, aber nebenan arbeitet Axel, und da wird geredet.

Axel: Na, Herr Benjamino, was macht die Speiseröhre?

Herr Benjamino: krächzt.

Axel: Wissen Sie, warum in China und Japan die Männer so oft Speiseröhrenkrebs haben?

Herr Benjamino: krächzt verzweifelt.

Axel: Weil sie immer zu heiß essen. Die Frauen kriegen das nicht, die müssen immer warten, bis die Männer gegessen haben.

Herr Benjamino wäre sicher jetzt gern eine japanische oder chinesische Frau. Axel weiß aber noch mehr, er redet die ganzen fünfundvierzig Minuten lang, zum Beispiel darüber, dass die Forscher, als sie erste Fußabdrücke von Wilden im Urwald nahmen, dachten, die hätten alle Plattfüße. Dabei, sagt Axel, hatten die tolle Füße, die so stark und austrainiert mit Muskeln waren, dass der ganze Fuß abrollte. Ihre Füße sehen nicht gut aus, Sie sollten mehr barfuß laufen, Herr Benjamino.

Herr Benjamino krächzt verzagt.

Als wir in beiden Kabinen fertig sind und gehen, sehe ich Herrn Benjamino, ein armes, kleines graues Männlein mit billigen Schuhen. Ich stelle mir jetzt vor, wie er mit seinem Speiseröhrenkrebs in seiner Zweizimmerwohnung auf Linoleum barfuß läuft, um am Ende doch noch irgendwas richtig zu machen.

Alle wollen immer glücklich sein. Was ist Glück, und warum ist es so erstrebenswert? Die polnische Dichterin und Literaturnobelpreisträgerin Wiszława Szymborska hat ein Gedicht über, nein, eigentlich *gegen* die glückliche Liebe geschrieben: Glückliche Liebe, fragt sie, wozu braucht man das, die Glücklichen sind doch nur mit sich selbst beschäftigt, die sehen die Welt doch gar nicht? Was wir brauchen, das sind die Unglücklichen, die Sensiblen, die Durchlässigen.

Auch mir war sogenanntes Glück immer tief verdächtig. Ich war nie dauerhaft glücklich, hatte aber überwältigend glückliche, kostbare Augenblicke in meinem Leben, wie Perlen, und aus vielen solcher Augenblicke fädele ich mir die schönste Perlenkette auf.

Mein Unglücklichsein aber war und ist die Quelle aller Kreativität, was ich schreibe, was ich denke – es kommt immer aus Ecken, wo es dunkel ist und weh tut.

Robert Walser schrieb mal an Carl Seelig: »Das Glück ist kein guter Stoff für Dichter. Es ist zu selbstgenügsam. Es braucht keinen Kommentar. Es kann in sich zusammengerollt schlafen wie ein Igel. Dagegen das Leid, die Tragödie und die Komödie: sie stecken voll von Explosivkräften. Man muss sie nur zur rechten Zeit anzünden können. Dann steigen sie wie Raketen zum Himmel und illuminieren die ganze Gegend.«

Mitte der achtziger Jahre lief im Kölner Schauspielhaus Becketts »Warten auf Godot«, inszeniert von Jürgen Gosch, es war die letzte Vorstellung vor der Sommerpause. Nach dem ersten Akt gab es eine Pause, und nach der Pause trat plötzlich ein junger Mann auf die Bühne, vor den noch geschlossenen Vorhang, und rief dem Publikum zu: »Ich bin Godot. Sie müssen nicht mehr warten. Das Spiel ist aus.«

Ungläubiges Lachen, Staunen, war das echt? Gehörte das zum Stück? Es war für mich wirklich ein Augenblick des absurden Theaters, ich denke, Beckett hätte es gefallen. Realität, Phantasie und Irrsinn vermischten sich aufs Schönste. Dann kam der Schauspieler des Wladimir auf die Bühne, der wunderbare verrückte Klaus Pohl, der einmal einen Zug mit der Notbremse auf freiem Feld angehalten hatte, weil ihm die Strecke nicht gefiel, und Klaus Pohl komplimentierte Godot vorsichtig und friedlich von der Bühne.

Danach wurde weitergespielt, aber Pohl improvisierte: »Nun sind wir doch alle sehr glücklich darüber, dass Godot da war. Und was tun wir, Estragon? Wir warten weiter.«

GODOT II

An einer Kirchentür in Zürich ein handgeschriebener Zettel:
»Bin gleich zurück. Godot.«

GOLD

Ein Börsenspezialist sagt im Fernsehen:

»Nicht mit dem Graben nach Gold, mit dem Verkaufen der Schaufeln macht man das Geld!«

GOTT

Es regnet in Strömen, der Schnee wird zu Matsch. Mit triefenden Stiefeln betrete ich in Wien eine Kirche, in der ein alter Mann gerade den Boden putzt. Ich stocke am Eingang, bleibe stehen, suche vergebens eine Matte. Er lächelt mich an.

»Kommen S' nur«, sagt er. »Der liebe Gott schaut nicht auf die Füße, nur ins Herz.«

Das ist so rührend, dass nicht einmal eine sentimentale Frau wie ich es mir ausdenken könnte. Ich bin aber augenblicklich in Tränen ausgebrochen und habe mich danach gesehnt, dass mir jemand ins Herz sehen möge.

Über Francescas adlige Großmutter gibt es viele Geschichten. Meine liebste ist die, dass sie von allen nichtadligen Menschen sagte: »Den Namen kann ich mir nicht merken, das ist eine Tukur«, was sich herleitete aus dem französischen *tout court*, *zu kurz* – denn dem Namen fehlte ein »von«, er war eindeutig zu kurz, Tukur also.

Im Krieg während des nächtlichen Bombenalarms ließ man sie im Bett liegen, sie war enorm schwerhörig, hörte keine Detonationen, und man hätte sie nur noch mit Mühe in den Keller gebracht. Am Morgen waren alle andern müde, verängstigt, erschöpft, sie aber hatte glänzend geschlafen und sich über die ruhige Nacht gefreut.

Als sie noch besser hörte, legte sie sich bei Tisch, wenn ihr die Gespräche nicht gefielen, demonstrativ die Serviette übers Gesicht.

Wir reden oft über die Großmutter, die damals gewiss nicht leicht zu ertragen war, heute aber wünschten wir uns mehr solcher Persönlichkeiten im angepassten Einerlei.

HAIE

Ich bin kein mutiger Mensch, aber ich neige zum Leichtsinn, und Leichtsinn liegt manchmal dicht beim Mut: Man wagt Unerhörtes, ohne darüber nachzudenken. So auf einer Reise in Neuseeland, wo ich eine Reportage über Pinguine machte. Morgens früh gingen diese seltsamen Tiere wie Büroangestellte ins Wasser, aufrecht im Frack, mittags kamen sie mit dem Schnabel voller Fisch zurück und fütterten ihre Jungen. Ich lag still im Sand und sah ihnen zu. Ein Fischer nahm mich noch weit hinterm südlichsten Punkt Neuseelands, hinter Stewart Island, mit seinem Schiff hinaus, Richtung Antarktis, ein schöner Sonnentag, und mitten im Meer sahen wir plötzlich eine kleine Gruppe dieser seltsam rührenden Tiere schwimmen, sie sahen uns an, natürlich in Erwartung von Fisch. Ohne einen Moment zu überlegen, bin ich vom Schiff ins Wasser gesprungen, um einmal mit den Pinguinen, die ich so liebe, zu schwimmen. Ich war glücklich, musste nur rasch zurück an Bord, weil das Wasser zu kalt war, und da standen alle stumm und leichenblass und zeigten hinaus auf lauter dreieckige Flossen. Heute noch bricht mir der Angstschweiß aus, wenn ich daran denke.

HANDY

Unser Freund, ein alter Rocker und echter Freak, der immer über Handys lästert, unser Freund hat plötzlich ein Handy. Wir feixen, und er erklärt:

»Das hab ich mir am 20. Juni gekauft, da lag Renate in den Wehen, und ich war bei den Stones. Ich kenn ja die Songs, jeden Ton, und immer, wenn ich wusste, jetzt kommen zehn Takte Gitarrensolo, hab ich schnell die Hebamme angerufen.«

Die Kinder sind erwachsen, der Vater ist gestorben, die Mutter will in eine kleinere Wohnung umziehen – das Elternhaus, idyllisch in einem hübschen Vorort gelegen, soll verkauft werden. Die Tochter hilft der Mutter, als die ersten Interessenten kommen. »Ach wär das schön, wenn so sympathische Leute wie Sie hier einzögen«, sagt die Mutter fröhlich, »dann hätten wir in der Nachbarschaft endlich wieder nette Leute, hier wohnen ja nur Idioten.«

Die Tochter zischt, eine solche Bemerkung sei nicht hilfreich. Die Mutter will es wiedergutmachen: »Den Flughafen«, sagt sie, »den hört man nur ganz selten.« Die Tochter rollt die Augen. Man geht in den Garten. Die Mutter zeigt hoch zum Dach. »Da sind manchmal Marder. Die machen ziemlichen Lärm und knabbern auch schon mal was an, aber die kriegt man bestimmt weg.« Man geht an den kleinen Teich am Ende des Gartens. »Wenn Hochwasser ist«, sagt die Mutter, »kommen die Bisamratten bis zum Haus. Aber Hochwasser ist nur ganz selten. Und die sind auch lieb.«

Die Familie fährt beklommen ab, ehe die nächsten kommen, nimmt die Tochter die Mutter energisch zur Seite: Nicht so viel reden, vor allem nichts Nachteiliges!

Die nächste Familie ist sehr interessiert. Die Mutter versichert: »Das ist alles Sicherheitsglas, weil, hier draußen wird ja dauernd eingebrochen!«

Die Tochter dreht die Augen gen Himmel. »Sei doch still«, zischt sie. Die Mutter ist gekränkt und versichert den Käufern: »Das ist ein sehr schönes Haus. Wir waren hier immer glücklich. Man müsste nur mal einiges in eine bessere Wärmedämmung investieren. Es zieht ja überall.«

Wir wissen nicht, ob das Haus inzwischen verkauft ist, aber neulich war eine sehr nette, interessierte Familie da, und die Mutter sagte beim Abschied: »Ach, das wär schön, wenn Sie es nehmen würden, es waren ja schon so viele da inzwischen!«

Am späten Nachmittag, Heiligabend, sitzen wir zwei in einer kleinen Bar. Es ist gemütlich, leise Musik, Ruhe vor dem Sturm, wir trinken eine Flasche Hausmarke.

Am Nebentisch packt ein Mann seine Weihnachtspäckchen. Er hat alles dabei: viele schöne CDs, eine Rolle Geschenkpapier mit Sternchen, Tesafilm, Schere, rote Schleifen. Liebevoll packt er, CD um CD. Am Ende sieht er zufrieden den Berg Geschenke an, dann sagt er: »Ach du Scheiße.«

Wir hatten sowas geahnt, mochten aber nicht warnen, weil wir uns zu sehr freuten auf sein Gesicht, wenn er merken würde, dass die Päckchen mit den CDs alle gleich aussehen: Wo war jetzt Beethoven für Mutter, André Rieu für Oma, Led Zeppelin für den Bruder, Pinocchio fürs Kind?

Er bestellt auch eine Flasche Hausmarke, legt den Kopf auf den Tisch und schläft ein. Er wird erst wieder wach, als die Dame ganz in fuchsrotem Leder, die mit Laptop in der Ecke sitzt, ruft: »Was heißt Bademantel auf Französisch?« Sie verschickt gerade ihre Weihnachtsmails. »Schreibt man Oyster mit y oder i?« »Was heißt Vier-Gänge-Menü auf Englisch?«

Die Bedienung legt dem Mann Spielzeug, Papier und Schleifen hin und sagt: »Du machst das so schön, kannst du die Sachen für meine Kinder auch einpacken?«

Auf einem meiner berühmten, in allen Taschen und Woh-
nungsecken herumfliegenden Zettel habe ich den Dialog aus
einem Film notiert. Ich weiß nicht mehr, wann und wo, ich
weiß nicht mehr, wie der Film hieß, aber der Dialog ist es wert,
aufbewahrt zu werden.

Es ging um einen Geldeintreiber, dem sein Opfer vorwarf,
hartherzig zu sein.

»Nein«, leugnet der, »wann immer ein Hund überfahren
wird, bin ich der erste, der weint.« Sagt das Opfer: »Wann immer Sie bereit sind, sich überfahren zu lassen, bin ich der erste,
der dasselbe für Sie tut.«

Ein besonders grauer Tag. Besonders viel geht schief. Nur Kleinigkeiten, aber es sind ja nicht die ganz großen Katastrophen, woran wir zerbrechen, es sind die Kleinigkeiten. Aus den ganz großen Katastrophen erwächst uns Kraft, wir halten durch, sind tapfer, wie wir es immer gelernt haben. Aber diese grauen tückischen Tage voller kleiner Enttäuschungen und Niederlagen, die zersetzen uns, und hilflos wissen wir nicht, wie wir dem gegensteuern können: dem Gefühl von Verlust, Trauer, Schwäche.

Gelegentlich auf Wasser blicken, sagt Gottfried Benn.

Der Rhein ist in der Nähe. Ein Spaziergang am Rhein hilft meistens, er fließt und trägt Tristesse mit sich fort in die graue Nordsee. Der Gang zum Rhein aber ist fast zu schwer heute, vorbei an dem Briefkasten, mit dem mich eine so lange Geschichte verbindet, neben dem ich schon Stunden ausgeharrt habe, um einen bestimmten Brief wieder zurückzubekommen, einen Brief, der eine Katastrophe angerichtet hätte. Ich hoffte auf das Vertrauen des Briefkastenleerers morgens um sechs, ich hatte Tinte, Schreibprobe, Personalausweis dabei – er hatte gezögert, mir dann den Brief zurückgegeben.

»Sie haben zwei Ehen gerettet«, sagte ich weinend. Dieser Briefkasten ist mir tägliche Warnung.

Die Stufen zum Ufer hinunter, heute kaum zu bewältigen. Tränen. Verzweiflung bis zur Atemlosigkeit, die Bitte aus der Kindheit, an wen auch immer:

»Gib ein Zeichen, irgendein Zeichen, das ich verstehe!«

Ein Schiff fährt vorbei, ein großes Containerschiff, es

kommt aus Holland und kämpft sich Richtung Basel. Es heißt Esperanza. Hoffnung.

Ein Zeichen.

Am Bahnhof in Middelburg steht pünktlich um halb zwei der Bus, ich frage vorsichtshalber noch mal: Fährt der nach Veere? Jou, sagt der Fahrer.

Ich steige ein, und nach einer Viertelstunde rast der Bus auf der Landstraße an Veere vorbei. Ich stürze zum Fahrer: Sie haben doch gesagt, er fährt nach Veere? Jou, sagt er, aber da hält er mittags nicht, nur morgens und abends.

Kilometerweit muss ich nun im strömenden Regen zurücklaufen und überlege, will der Fahrer sich an mir für das rächen, was wir Holland im Zweiten Weltkrieg angetan haben, oder ist er einfach nur ein holländischer Idiot?

Wir hatten ein Haus gekauft, das ein kleines Hotel gewesen war. Es wurde umgebaut, und in der Woche, als wir einzogen, passierten zwei Dinge.

Zuerst klingelte es, und ein Ehepaar mittleren Alters stand mit Koffern vor der Tür, begrüßte mich mit »Wohl eine Neue?« und verlangte, wie abgemacht, das mittlere Zimmer, wie immer. Sie hatten noch beim Vorbesitzer reserviert, er hatte vergessen, ihnen abzusagen. Um sie zu trösten, luden wir sie auf einen Tee ins mittlere Zimmer, aber es gefiel ihnen gar nicht. Wir hatten Wände entfernt. »Jetzt ist es viel zu groß«, sagten sie, »hier wollen wir nicht Urlaub machen.« Und dann klingelte es wieder, und ein mit großen Handtuchrollen beladener Wäschemann kam herein, kniff mich in die Wange und sagte: »Neues Zimmermädchen? Schatz, hol mal die Olle.«

»Ich bin die Olle«, sagte ich. Er sah sich um. Nirgends mehr Apparate für Handtücher, alles sah anders aus – und die alte Hotelbesitzerin war auch nicht mehr da.

Er ging, als hätte er den Leibhaftigen gesehen.

Und noch Wochen später stand eines Tages ein alter Mann am Tor, klopfte mit seinem Stock an den Zaun und sagte barsch: »Warum hängt hier keine Speisekarte? Schlamperei.«

HOTEL II

Hinweis in einem New Yorker Hotelzimmer:

»Wenn Sie bei uns nicht schlafen können, schimpfen Sie nicht auf unsere bequemen Betten, sondern prüfen Sie erst einmal Ihr Gewissen.«

HUND

Als wir von einem längeren Einkauf zurückkommen, ist unser alter, müder, dicker Hund nicht mehr im Garten. Wir hatten ihn dort gelassen, weil das Wetter schön war und damit er Pipi machen konnte. Das Gartentor war abgeschlossen. Er musste drübergesprungen sein, trotz seines Alters und seiner Pfunde. Unsere Sorge war groß, wir schwärmten aus in verschiedene Richtungen, rufend, suchend, fragend.

Mascha war weg.

Dann wurden reihum die Tierheime angerufen. Beim dritten hatten wir Glück, eines, das wir eigentlich gar nicht anrufen wollten, es lag weit vor der Stadt. Ja, ein dicker brauner Hund sei eingeliefert worden, man habe ihn in der Linie 16 an der Endstation gefunden und von dort ins Tierheim gebracht. Die Linie 16 fuhr zwar in unserer Nähe vorbei, aber wie kam der Hund da hinein? Und die Endstation lag am andern Ende der Stadt?

Ich fuhr sofort. Es war unsere Mascha. Müde lag sie da, erschöpft. Ich hatte inzwischen rekonstruiert, dass es ein kurzes Gewitter gegeben hatte, sie fürchtete Gewitter, war wohl wirklich über den Gartenzaun gesprungen und so lange gelaufen, bis sie einen geschlossenen Raum fand: eben die Linie 16. Und der Fahrer der Bahn hatte sie dann wohl gefunden und ins Tierheim überwiesen.

»Der Hund kennt Sie nicht«, sagte die Frau vom Tierheim.

Ich heulte. »Doch, es ist unsere Mascha«, versicherte ich. Ob ich Papiere hätte? Hatte ich nicht, in der Eile.

»Dann können wir Ihnen den Hund nicht geben. Da könnte ja jeder kommen. Er kennt Sie nicht.«

»Er ist erschöpft!«, schniefte ich, »bitte!«

Der Pfleger beugte sich zu der Leiterin des Tierheims. »Gib der den Hund«, sagte er leise. »Wer heult denn freiwillig für so einen hässlichen fetten alten Köter? Das muss ihrer sein.«

Mascha und ich zogen ab. Ich spendete dem Tierheim reichlich, unser nächster Hund kam dann von dort. »Damit Sie ihn kennen, wenn er abhaut«, sagte ich.

Ich hatte eine Lesung in der Stadtbibliothek, großer Saal. In Reihe eins saß eine Frau, die sehr finster blickte. Mein Text war durchaus komisch, das Publikum lachte. Die Frau blieb ernst. Ich war irritiert, schielte zu ihr hin, legte mich ins Zeug und las die komischen Stellen geradezu übertrieben albern. Ich zerstörte meinen eigenen Text durch aufgesetzte Interpretation, ich johlte und gackerte, ruderte mit den Händen und kreischte und machte mich komplett zum Deppen und meinen Text zur lächerlichen Ruine. Der Saal tobte, sie blieb ernst. Ich war verzagt, wütend, völlig aus dem Konzept. Ich versprach mich, verhaspelte mich, ich wählte als zweiten Text eine andere Geschichte als vorgesehen, eine völlig banale, eine lächerliche Geschichte, ich wollte sie zu einer Gesichtsregung, zum Lachen, wenigstens zum Lächeln bringen, ich gab alles. Sie blickte finster, starr auf mich, bewegte sich nicht.

Ich war fix und fertig. Am Ende signierte ich, Leute kamen an meinen Tisch, sie saß und starrte. Ich sah eine junge Frau zu ihr gehen, mit ihr reden, dann kam die junge Frau zu mir und ließ sich ein Buch signieren. »Für sie«, sagte sie und zeigte auf die grimmige, bewegungslose Frau.

Ich war außer mir. »Was hat sie«, rief ich, »wer ist sie, ich hab das Gefühl, ihr gefällt nichts, was ich lese, will sie mich fertigmachen, will sie mich umbringen?«

Die junge Frau lächelte. »Nein, nein«, sagte sie, »hier nebenan ist eine psychiatrische Klinik, und die Patientin hat Angst vor Menschenmengen. Deshalb schicken wir sie manchmal hier in die Lesungen, damit sie diese Angst überwindet. Sie setzt sich immer in Reihe eins, da sieht sie die anderen nicht, nur den Autor. Sie schätzt Sie sehr.«

Ich träume noch heute von ihr und wache schweißgebadet auf.

ISABEL

Isabel weiß nicht, ob sie eine Grande Dame sein soll oder noch ein kleines Mädchen. So ist sie beides, kleidet sich kindlich, doch mit einem Schuss Eleganz. Highheels zur Teddybärtasche, schwarzes Kleid, rote Schleife im Haar, lange Glasketten. Sie sieht umwerfend aus und ist ganz bei sich. Sie liebt Weihnachten und hasst den Winter, also feiert sie ihr Lieblingsfest immer im Sommer, sie lädt uns alle ein. Baum, Kerzen, Geschenke, Gänsebraten bei 28 Grad. Sie arbeitet an einem Bühnenprogramm, will auftreten, sie testet ihr erstes Lied an uns. Es lautet, mit ihrer tiefen, schönen Stimme in einer sich verflüchtigenden Melodie zum Klavier gesungen:

Fischer, wie tief ist das Wasser?
Kellner, wie voll ist mein Glas?
Wasser, wie frei sind denn Fische?
Macht ihnen Schwimmen noch Spaß?

Wie findet ihr das?, fragt uns Isabel. Wie finden wir das? Wir finden es großartig. Auch hier wieder schwebt sie zwischen Welten, irgendwo im Absurden. Ihre Wurzeln sind in der Luft.

Thomas Brück von der Band Satin Whale ist noch immer ein schöner Mann, aber in den Siebzigern war er umwerfend. Ich machte damals ein Interview mit ihm zu seinem Song »I can't believe that it's all over«, von dem ich annahm, er würde ein Welthit. Schon, weil Thomas Brück so schön war. Er kam zum Interview in einem silbrigen Anzug und trug unfassbare silberne Plateauschuhe. Was für ein Anblick! Nur David Bowie traute sich damals so etwas, aber der ging damit in meinem Leben nur durch Zeitschriften. Hier stand einer vor mir, auf zehn Zentimeter hohen silbernen Plateaus! Es war ein Schock fürs Leben, ein Schönheitsschock. Ich habe in jedem Mann solche Schuhe gesucht und nie gefunden.

Vierzig Jahre später. Ich treffe Thomas Brück wieder. Er sieht noch immer sehr gut aus, ist aber auf Normalmaß geschrumpft. Als er mich sieht, streckt er beide Hände von sich und ruft: »Sag jetzt nichts. Ich weiß, du willst mich auf die Plateausohlen von damals ansprechen. Ich weiß, wie sehr die dich beeindruckt haben. Aber das ist vorbei! Das war mal! Ich will nichts davon hören!«

Und dann nimmt er mich in den Arm und fragt: »Wie geht es dir?«

Ich sehe ihn an, möchte irgendwas sagen, aber wie kann es einem schon gehen, wenn die Zeit silberner Plateausohlen für Männer unwiderruflich vorbei ist …

Wir seufzen beide und denken: *I can't believe that it's all over.*

KIND

Zweimal im Leben hatte sie, die bewusst Kinderlose, so ein winziges Kind im Arm. Einmal in ihrer Stammkneipe. Wirt und Wirtin bedienten, es war voll, der Kleine schrie. Sie hatte so etwas noch nie gemacht, aber was ist schwierig daran, einen Hintern abzuwischen? Sie verzog sich mit dem Kind, säuberte es, sang dabei, wusch, cremte, wickelte, und das Kind lachte und streckte die Ärmchen aus. Sie hatte ein sehr großes Gefühl, das Gefühl: *Ich könnte!* Sie wollte nicht, aber sie wusste jetzt: Sie könnte. Heute ist das Kind fünfundzwanzig und küsst sie jedes Mal, wenn es sie sieht. Es bedient jetzt auch in der Kneipe.

Das zweite Mal war es im Hotel Adlon, Luxussuite, sie war Preisträgerin von irgendetwas, angereist mit zwei Freundinnen. Eine dritte, ihr nicht bekannte Freundin kam dazu, mit einem sehr kleinen Baby. Ob sie es nehmen könne? Man wolle bummeln gehen. Sie wollte nicht bummeln gehen, sie lag schon im frischen Luxusbett, schaute aufs Brandenburger Tor und trank Champagner. Sie legten das wildfremde Kind zu ihr. Es kuschelte sich an. Die Freundinnen gingen. Das Kind öffnete die Augen, groß, blau, sah sie an, nahm ihren Zeigefinger, umklammerte ihn fest und schlief lächelnd, leicht grunzend, wieder ein.

Und sie lag da, unfassbar glücklich über dieses Vertrauen, dieses zarte kleine Leben, glücklich auch, die Verantwortung für dieses Leben nicht übernehmen zu müssen. Aber diese Nähe, die drei Stunden – sie gehören zu den schönsten ihres Lebens.

Ich komme aus dem Kindergarten nach Hause und singe stolz ein neu gelerntes Lied vor:

»Hänsel und Gretel verirrten sich im Wald / es war so finster und auch so bitterkalt / sie kamen an ein Häuschen / aus Zuckerplätzchen fein / wer mag der Herr wohl / von dieses Häuschen sein?«

»Was singst du da?«, fragt meine Mutter. Ich fange wieder an: »Hänsel und Gretel ...« »Nein«, sagt sie, da am Schluss, wer mag ...?« »Wer mag der Herr wohl / von dieses Häuschen sein?«, krähe ich. Sie sagt: »Von diesem Häuschen.« Ich sage: »Tante Gisela sagt aber von dieses Häuschen.«

Am nächsten Tag begleitet mich meine Mutter zum Kindergarten und knöpft sich Tante Gisela vor, die dem Kind falsches Deutsch beibringt. Ich schäme mich und stehe dabei mit gesenktem Kopf. Aber Tante Gisela schmettert meine strenge Mutter souverän ab.

»Hörnse mal«, sagt sie, »ich lern die Kinder seit dreißig Jahre Lieder, da müssen Sie nicht kommen und mir sagen, was richtig ist oder falsch.«

Unschlagbar.

Immer mal wieder versuche ich Neues, um das zu gewinnen, nach dem ich mich sehne, was mich aber, hätte ich es denn, wohl doch langweilen und bremsen würde: Gelassenheit, innere Ruhe, Ausgeglichenheit.

Ein Yogakurs mit Gong und Schneidersitz war die Vorhölle. Nun bietet Mareile einen Klangkörperkurs an. Instrumente ertönen, man liegt auf Matten und entspannt. Wir sind etwa zwanzig Frauen und ein Mann. Das Zimmer ist stickig, wir liegen zu nah beieinander, mir ist es jetzt schon zu intim. Wir sollen uns nun gegenseitig die Füße massieren. Ich mag nicht, wenn jemand meine Füße anfasst. Ich versuche, es positiv zu sehen. Freundlich sein, sich Zeit nehmen, von sich selbst absehen, andere wahrnehmen – im Kopf schreibe ich aber schon Satiren über Brigitte neben mir, die immer »Oioioioi« stöhnt, über die knochenharte Andrea, die plötzlich laut schluchzt und ruft: »Es ist ja alles so sinnlos!«

Ich weiß von der Grundvergeblichkeit des Lebens, von den Tiefgeschossen der Ausweglosigkeit. Ich hätte es ihr vorher sagen können. Ich gehe nicht mehr hin. Mareile will mir das Geld für den Kurs zurückgeben, ich sage: Kauf einen Blumenstrauß davon, groß wie ein Auto, stell ihn hin, auf den sollen alle schauen. Dann geht es vielleicht.

Nun ist sie mir böse.

KLAUEN

Nachdem Annas Mann tot war, verwandelte sie sich, wurde noch mal richtig schick und war sozusagen wieder auf dem Markt. Unter den Bewerbern, die sie umschwärmten, entschied sie sich für Bobby. Sie waren oft zusammen, aber als sie dahinterkam, dass Bobby ihr Geld stahl, zeigte sie ihn an. Bobby musste für ein Jahr ins Gefängnis. Anna blieb ihm treu, besuchte ihn, so oft es ging, schrieb ihm glühende Liebesbriefe, und als er entlassen wurde, wurde sofort geheiratet.

»Aber Geld klaut der mir nicht noch mal«, sagte Anna streng und sah ihn liebevoll an.

Ich sah meinen Koffer auf dem Rollband ankommen, und ich sah, wie das Oberhaupt einer großen türkischen Familie, die auch im Flugzeug gewesen war, ihn zielstrebig ergriff und zu ihren Koffern stellte.

»Das ist meiner«, sagte ich.

»Nix deiner. Uns«, erwiderte freundlich der Vater, die Mutter zeterte auf Türkisch. Ich zeigte auf eine mir bekannte Schramme.

»Ich erkenne ihn, es ist meiner«, sagte ich.

»Nix dein Koffer«, beschied mich der Mann, »Koffer wir.« Und er schob ihn energisch noch näher zu seinem Gepäck.

Ich bat, den Koffer mit ihm zusammen zu öffnen. Er zögerte, sagte dann: »Gut. Öffnen. Dann klar. Unser.«

Wir öffneten den Koffer, und gleich oben lagen die sieben Bücher, die ich in den Ferien gelesen hatte. Er war sprachlos.

»Bucher!«, staunte er. »So viele Bucher?«

»Ja«, sagte ich, »ich lese viel.«

»Das alles?« Er war fassungslos. Dann strahlte er mich an. »Dein Koffer«, sagte er. »Nimm Bucher. Wir nix Bucher.« Sein Sohn kam mit einem Koffer, der meinem zum Verwechseln ähnlich sah. Der Vater strahlte, gab mir die Hand.

»Entschuldigen. Bucher. Wir in Koffer Essen aus Heimat.«

Und er öffnete seinen vollgestopften Koffer, nahm eine Schachtel Halwa heraus und gab sie mir.

»Essen, gut«, sagte er. »Besser als Bucher.«

Martha, die Mutter einer Freundin, war seit ihrer Jugend stramme Kommunistin. Sie kam zurück vom großen DKP-Fest in Duisburg und erzählte mir von der Arbeiter-Schalmeienkapelle, die »Venceremos!« gespielt hätte, und dass es ein bayerisches Kommunistenzelt gegeben habe mit der Inschrift: »Lieber Masskrüag wie Weltkriag«, und dass man Edelweiß kaufen konnte für drei Mark das Stück, damit unterstützen bayerische Kommunisten den Freiheitskampf in Nicaragua. Ich staune, dass es bayerische Kommunisten gibt. In Baden-Baden hatten wir auch mal zwei.

Als die Mauer fiel und Erich Honecker mit seiner versteinerten Margot nach Chile floh, besuchte ihn Martha dort. Sie hatte Birnenschnaps aus Wiebelskirchen dabei. Man ließ sie nicht vor, aber sie stand hinter der Mauer des Anwesens, auf dem die Honeckers wohnten, und rief immer wieder: »Erich, Birnenschnaps aus Wiebelskirchen!«

Schließlich trank sie ihn mit einigen chilenischen Genossen selbst.

Als ich an Krebs erkrankte und Martha davon erfuhr, schrieb sie mir einen Brief:

»Liebe Elke, das tut mir so leid, aber alles könnte besser sein, wenn die Millionen gerechter verteilt wären.«

Auch mein Krebs ließ sich also kommunistisch-marxistisch vergesellschaften. Mich hat das irgendwie getröstet. Ja, die Welt ist ungerecht.

Darauf einen Birnenschnaps! Aber aus Wiebelskirchen, dessen großer Sohn Erich Honecker war.

KONZERT

Wir stehen in der Konzertpause im Foyer und beobachten ein scheußliches Paar. Wir zerreißen uns leise das Maul darüber, wie hässlich sie angezogen sind, wie klumpig sie aussieht, wie unsympathisch er. Was tun solche Leute im Konzert?

Da drehen die beiden sich um, ihr Blick fällt auf uns, und entsetzt können wir sehen, was sie denken:

Was sind das denn für grässliche Leute, er so dick und sie so mürrisch, was tun solche Leute denn hier im Konzert?

KRÄHE

Wir fahren nachts müde, hungrig über die Autobahn nach Hause, biegen in Selzig ab und suchen ein Gasthaus, in dem man noch essen kann. Wir finden *Die Krähe*. Die Wirtin guckt grimmig und wischt fettige Hände am großen Busen ab. »Nur Hühnchen«, bescheidet sie uns. Wir nehmen Hühnchen. Am Spielautomaten ein Mann, die ganze *Krähe* ist schmuddelig, trist, traurig, das Hühnchen zäh wie ein Schuh, das Fett ranzig, wir würgen und gehen. Draußen sehen wir, dass *Die Krähe* direkt an einer Müllkippe liegt, über der Krähen kreisen. War das Hühnchen eine Krähe?

Mein Arbeitskollege, Liebhaber erlesenen Essens, pfeift mich wegen einer Lappalie mal wieder zusammen. Er macht das öfter, Rache ist fällig. »*Die Krähe*«, sage ich, »in Selzig, die kennst du nicht! Gut, es ist eine Fahrt von 40 Minuten, aber grandios. So eine Küche hast du noch nicht erlebt! Und das Ambiente!«

Da will er mit Christine hinfahren. Ob man reservieren müsse? »Besser ist es«, sage ich, »aber ich mache das für dich.«

Ich mache nichts und warte einfach ab, bis wir wieder miteinander arbeiten. Es verbietet sich, aufzuschreiben, was er gesagt hat. Dass Christine extra beim Friseur war. Dass man sich in Schale geworfen habe. Dass man sich auf die von mir gepriesene Weinkarte gefreut habe. Dass man sich überhaupt gefreut habe, und dann das. Dann das!

Ja, und dann das.

Immer, wenn ich auf der Autobahn an Selzig vorbeifahre, geht es mir richtig gut.

KÜSSEN

Vor Jahren machten zwei befreundete Künstler, ein Musiker und ein Maler, in Köln auf dem Domplatz eine Performance, eine künstlerische Aktion, sie hieß: »Küssen und Schlagen«.

Sie küssten sich immer etwa ein, zwei Minuten, dann schlugen sie sich. Sie küssten sich, bis die Lippen bluteten, sie schlugen sich, bis Blut kam. Die Menge sah zunächst fasziniert zu, dann wurden erste Protestrufe laut: »Ihr Schwuchteln!«, »Blöde schwule Schweine!«, »Das sollte verboten werden!«.

Schließlich kam es zu Handgreiflichkeiten.

Aber nur bei den Küssen, nie bei den Schlägen.

Nach dem Konzert sehe ich hinter der Bühne einen mageren, blassen jungen Mann im schwarzen Anzug, mit schönen Lackschuhen. Auf beiden Schuhen kleben große weiße Zettel. Erst denke ich: seltsamer Schmuck. Dann gehe ich vor ihm in die Knie und sage: »Darf ich?« »Unbedingt!«, schnarrt er, und ich lese auf den Zetteln, die mit den Schnürsenkeln festgezurrt sind:

Man zwingt mich, diese Schuhe zu tragen.

Ich komme wieder hoch, lache und sehe in sein zwanzigjähriges, bleiches, zorniges Gesicht unter der hohen, klugen Stirn, was für ein empfindsames Kerlchen. »Und?«, fragt er, eher ängstlich als provokativ.

»Ja«, sage ich, ein Lachen unterdrückend, »jemand zwingt Sie, diese Schuhe zu tragen. Es sind doch aber sehr schöne schwarze Lackschuhe.«

»Mein Vater«, sagt er, »mein Vater zwingt mich. Er ist der Dirigent.« Er senkt die Stimme, wir stehen vor dem Dirigentenzimmer. »Er will nicht, dass ich in Gummischuhen ins Konzert gehe. Ich bin aber Veganer. Ich esse nichts von Tieren, ich trage nichts von Tieren. Das da« – er zeigt voller Abscheu auf seine Schuhe –, »das ist Leder. Haut von Tieren. Meine Füße leiden. Ich leide.«

»Wir leiden doch alle«, sage ich mild. »Kafka sagt, wir liegen alle unser Leben lang auf der Bühne und singen. Weil wir leiden. Da müssen Sie durch.«

Ich verlasse ihn und höre, wie er mir nachruft: »Ich will aber nicht!«

Der Maestro, sein Vater, tritt aus dem Zimmer. Applaus brandet auf von den Vertrauten hier hinten. Der Vater verneigt sich geschmeichelt. Der Sohn steht abseits und leidet, die weißen Zettel leuchten.

Am 30. April feierte Holland früher den Koninginnedag. Königin Beatrix' Geburtstag wurde vom kalten Januar ans Aprilende verlegt und mit orangefarbenen Torten, Fahnen, Lampionumzügen der Kinder immer am 30. April gefeiert.

Ich war in Holland, in einem kleinen Ort. Ich machte abends einen Spaziergang und geriet in diesen Fackelzug, ähnlich unseren deutschen St.-Martin-Umzügen im November. Kinder und Eltern hielten Laternen mit kleinen Lichtern, sangen, zogen über Deich und Marktplatz. Ich zog mit und wurde von einer mir schier den Atem nehmenden Traurigkeit überwältigt. Die Laternen, der Gesang, die Kindheit stieg hoch, meine einsame Kindheit ohne richtige Familie, nie hatte ich eine Laterne, nie war ich bei den Umzügen dabei, meine Mutter mochte all so etwas nicht, und es war, als würde jetzt nach sechzig Jahren der Kummer aus mir herausbrechen. Diese Stimmung, so ruhig, so liebevoll, so friedlich und arglos, löste ein heftiges Weinen in mir aus, einen lauten Schluchzer, Tränen.

Da ließ ein kleines Mädchen die Hand seiner Mutter los, kam zu mir, nahm meine Hand und gab mir in die andere seine rotgelbe Laterne. Wir gingen zusammen, und ich weinte all meinen Kinderkummer aus mir heraus, und das kleine Mädchen hat das alles verstanden.

Wir sind am Meer, Manuela und ich. Manuela ist sportlich, ich bin eher steif und ängstlich. Schwimmen kann ich, aber nicht besonders gut. Doch es ist warm, das Meer ist schön blau, nur die Brandung, die ist heute ziemlich stark.

»Manu«, sage ich, »bleib irgendwie erst mal in meiner Nähe, ich bin keine sichere Schwimmerin.«

»Ich hab den Lebensretter«, sagt Manuela, »mach dir keine Gedanken. Wenn wir im Wasser sind, ist es kein Problem, nur raus durch die Brandung, das könnte heute eins werden, aber da helf ich dir.«

»Ich habe dann aber«, gestehe ich, »leicht Panik, wenn die Wellen über mir zusammenschlagen. Kopf unter Wasser geht bei mir gar nicht, du wirst es schwer mit mir haben. Ich zappele!«

»Ach was«, sagt Manuela, »ganz leicht. Ich brech dir schnell den kleinen Finger, dann wirst du vor Schmerzen ohnmächtig, und ich zieh dich raus wie nix.«

Ich habe mir das mit dem Schwimmen noch mal überlegt. Am nächsten Tag war nicht so viel Brandung, und ich bin mit Marion geschwommen, weit weg von Manuela.

LEON

Ich habe ihn lange nicht gesehen, weiß nichts mehr über ihn, aber ich vergesse nie, wie strahlend schön Leon als sehr junger Mann war – mit seiner breiten Stirn, den hellen grünen Augen, diesem Lachen: der Knabe Tadzio, gut gealtert.

Philipp und ich waren beide in ihn verliebt, weil er uns wärmte wie die Sonne: mich durch seine pure Schönheit und seine unbekümmerte Jugend, Philipp träumte von einem Leben mit ihm. Die Sonne strahlte und wusste von all dem nichts.

Leon war ein Glückskind, alles gelang ihm, alle liebten ihn, schöne Zufälle bereicherten sein Leben. Dem Schönen begegnete nur Schönes.

Einmal lebte er einen Sommer als Straßenmusiker in Südfrankreich, spielte auf der Geige das Ave Maria von Gounod. Ein vornehmer älterer Herr sprach ihn an: Er sei der Enkel von Charles Gounod und jetzt Direktor der Bank von Marseille.

Wochen später wollte keine Bank Leon den großen Sack mit seinen erfidelten Münzen eintauschen. Er fuhr nach Marseille, ließ sich beim Direktor der Bank melden und ging mit ihm essen, während fünf Angestellte seine 1500 Franc in Münzen zählten und ihm in Scheine umtauschten.

LESEN

Ich steige ins Taxi, der Fahrer liest in einem Buch. Ich sage ihm, wohin ich möchte, er seufzt, fährt los, das Buch offen auf dem Schoß. Die Ampel ist rot, er liest weiter. Die Ampel wird grün, er liest, bis es hinter ihm hupt, dann fährt er los, in aller Ruhe. Das wiederholt sich an jeder Ampel.

Ich finde das sehr komisch, irgendwie auch sehr schön, und als ich ausgestiegen bin, ärgere ich mich, dass ich ihn nicht gefragt habe, was er da liest.

LIFTA

Ich besuche die Eltern einer Freundin, die mir viel bedeuten, die gut zu mir waren, als ich jung und unglücklich war. Sie wohnen in einem schönen Haus mit großem Flügel, aber sie hat Gicht, kann nicht mehr spielen, ich klimpere für sie ein wenig Bach, Schubert, Mozart. Wir trinken Tee und erzählen, beide sind geistig sehr rege und vielseitig interessiert, dabei muss man wissen: Er ist 104 Jahre alt, und sie ist 98. An der Treppe zum oberen Stock sehe ich einen Lifta-Treppenlift und sage zu ihm: »Das ist gut, da müssen Sie sich nicht mehr mit den Stufen mühen.« Er ist empört. »Ich?«, sagt er. »Ich bin doch kein alter Knacker. Ich gehe die Treppen selbstverständlich hinauf. Den braucht leider meine Frau, wegen der Gicht.«

Wir machen einen kleinen Spaziergang. »Nimm deinen Stock mit«, sagt sie. Er hängt sich an meinen Arm. »Nein«, protestiert er, »nachher denken die Leute noch, ich könnte ohne Stock nicht mehr gehen.«

Wir gehen und diskutieren über Goethe, ich weiß vieles nicht, er ist empört. »Sie wollen Germanistik studiert haben?«, höhnt er. Ich verweise auf mein schlechtes Gedächtnis, das lässt er nicht durchgehen. »Sowas muss man trainieren. Ich weiß alles noch.«

Danach sitzen wir und trinken ein Glas Wein, schauen in den schönen Garten, und sie sagt: »Ich gebe es zu: Seit diesem Sommer haben wir einen Gärtner. Wir schaffen es allein einfach nicht mehr.«

Ich fahre nach Hause, bin 71 und fühle mich plötzlich wieder total jung und mit noch ganz viel Zukunft.

LOTTOGEWINN

Helge erzählt, wie seine Mutter in den verkalkten fünfziger Jahren einige 10 000 Mark im Lotto gewonnen hat. Nach der Schule holte der Vater die Kinder ins Wohnzimmer, schloss die Tür und sagte:

»Ich muss euch etwas Wichtiges sagen. Es ist nichts Schlimmes, aber was ich euch jetzt sage, darf nie diesen Raum verlassen. Solltet ihr doch darüber reden, schlage ich euch zu Brei. Eure Mutter hat im Lotto gewonnen.«

Dann folgte noch, dass das Geld dahin käme, wo es hingehöre, nämlich auf die Bank. Dann, sagt Helge, habe man wirklich nie mehr darüber gesprochen, und das einzige, das als Veränderung spürbar war: In Zukunft gab es für die Kinder abends ein Glas Hohes C.

LÜGE

Lieber Achim,

gestern war ich bei Ihnen zum Essen, und nun ist es ja üblich, sich noch einmal zu bedanken – denn Sie haben sich viel Mühe gegeben, obwohl mir nichts, nichts geschmeckt hat: kaltes Petersiliensüppchen im Winter ist nicht die beste Idee, das Fleisch war ungewürzt, ich hasse Rote Bete, und die Quarkspeise war voll daneben. Aber das Schlimmste war, dass Sie mir zweieinhalb Stunden lang nur von sich erzählt haben, jeder Satz begann mit ICH, was Sie alles schon gemacht haben, wie viel Geld Sie haben, wen Sie alles kennen, wer Ihnen viel zu verdanken hat, und zwischendurch der Satz, »ich hab auch drei Patenkinder, eins hat sich neulich umgebracht, schlimm, aber egal jetzt, ich hab nämlich …«

Egal jetzt? Und dann kam die Geschichte von einer Frau, die zwar supertoll aussieht, aber nichts im Kopf hat, im Gegensatz zu mir, ich sei ja wenigstens klug …

Ich hätte Ihnen am liebsten Ihr fades Essen über den Kopf gestülpt und auf Ihr historisches Parkett gekotzt, aber ich, die möglichst immer sagt, was sie denkt, saß da wie ein paralysiertes Kaninchen. Was hätte ich Ihnen antworten können, sollen?

Oder muss man Männer wie Sie einfach hinnehmen?

Lieber Achim,

nachträglich noch einmal herzlichen Dank für den gestrigen Abend. Sie haben sich fabelhaft viel Mühe mit dem schönen Essen gemacht, und den Wein, den Sie mir geschenkt haben, weil ich ja wegen des Autos nur Wasser trinken konnte, den trinke ich heute auf Ihr Wohl!

Herzlich,
Ihre Elke Heidenreich

LULU

Die männermordende Lulu.

Der frauenvernichtende Don Giovanni.

Im Umfeld von Lulu, der verführerischen Kindfrau, sterben alle, infiziert von Lust.

Don Giovanni stirbt allein. Seine Frauen überleben alle und singen Rachegesänge.

LUPARETTA

Mein sizilianischer Freund Leoluca erzählt mir, dass jeder Mann in Sizilien seine Lupara, ein Schrotgewehr, im Schrank hat. Ein Vater schenkte seinem dreizehnjährigen Sohn eine kleine Ausgabe, eine Luparetta. Der Sohn tauschte sie in der Schule gegen eine schöne Armbanduhr. Der Vater war außer sich und schrie:

»Und wenn morgen einer kommt und deine Schwester eine Hure nennt, sagst du ihm dann, wie spät es ist?«

LURCHI

Als Kinder wollten wir mit unseren Müttern immer nur in die Schuhgeschäfte von Salamander gehen, denn da gab es die Lurchi-Heftchen. Die Geschichten von dem tapferen Salamander entzückten uns, der im Wald alle Krisen meisterte und seine Tierfreunde aus schrecklichen Gefahren erretten konnte, weil er eben die guten braunen, knöchelhohen Salamander-Schnürstiefel trug, und jede dieser Geschichten endete mit dem nie vergessenen Satz:

> *Lange tönt's im Walde noch:*
> *Unser Lurchi lebe hoch!*

Lurchi liebten wir, aber seine Schuhe wollten wir nicht tragen. Wir wollten rote Lackballerinas oder schneeweiße Mokassins, während die Mütter auf kräftigem, praktischem Schuhwerk bestanden. Bei Salamander gab es geheimnisvolle Apparate, in denen Kinderfüße mit Röntgenstrahlen durchleuchtet wurden. Wenn wir quengelten: »Die Schnürschuhe passen nicht!«, dann mussten wir die Füße in den Apparat stellen, und man sah jedes Knöchelchen unserer Zehen, auch in den roten Ballerinas, in die wir uns hineinquetschten, und Mutter rief: »Da! Krumme Zehen! Die passen nicht, wir nehmen die Schnürschuhe, die passen!« Auch der Verkäufer röntgte noch mal, und während eingepackt und bezahlt wurde (immer die Schnürschuhe, nie die Mokassins), durchleuchteten wir unsere Puppen oder Teddybären. Trotz all dieser damals unbekannten Gefahren klingt es in mir bis heute leise nach: Immer noch und immer noch, unser Lurchi lebe hoch!

MAMMA

Als die Kinder endlich groß und aus dem Haus sind und sie nun Zeit hätte, mal an sich selbst zu denken und ein wenig durchzuatmen, nimmt Maria, die in Rom lebt, ihre Mutter, die alte Amabilia, zu sich, denn die ist auf ihrem Dorf zu einsam. Mutter und Tochter haben sich nie verstanden, und wie alle ungeliebten Kinder buhlt Maria lebenslang um die Anerkennung der Mutter. Die ist bitter, böse, nichts schmeckt ihr, mit schriller Stimme kritisiert sie alles, was Maria kocht und tut. Sie tritt nach dem Hund und fegt mit einer starken, rohen Handbewegung die schlafende Katze vom Stuhl.

»Sie ist eine böse alte Hexe«, sage ich zu Maria, »una strega.«

»Das ist sie«, stimmt Maria mir zu, »aber sie ist la Mamma.«

MÄNNER

Männer stellen die Wohnung voll mit Computern, es riecht nach Zigarren, die sie im Humidor lagern, überall liegt Werkzeug herum, und auf der Kellertreppe stehen Schuhe in Größe 48. Im Bad riecht es nach Aftershave, und im Garten bellt der riesige Hund. Ich wünsche mir eine Wohnung ohne modische Strahler, mit kleinen rosa Lampen, eine Wohnung, die nach Blumen duftet und in der rote Samtdecken auf dem Sofa liegen, darauf eine kleine Katze und auf der Kellertreppe Lackschuhe in Größe 38 und in schönen Farben. Statt AC/DC im CD-Player K.D. Lang oder Amy Winehouse, und Nelkenduft im Bad.

Und als er dann geht, eines Tages, habe ich genau all das. Aber mir fehlen die großen Schuhe auf der Kellertreppe, und den Hund hat er auch mitgenommen.

MAROTTEN

Ich liebe es, wenn jemand Marotten hat. Meine Freundin Frieda zum Beispiel kann nicht ertragen, dass die Wohnung unaufgeräumt ist, wenn sie sie verlässt. Einmal ist sie auf der Fahrt in den Urlaub umgekehrt, um sich zu vergewissern, dass der Bademantel am Haken hängt. Denn falls sie tödlich verunglückt – wie sieht denn das aus, ein Bademantel einfach so überm Bett? Oder Walter, der klügste Mensch, den ich kenne, ein wirrer Zausel, tief verirrt in den Höhlen der Philosophie. Neulich rief er an: Zum ersten Mal im Leben habe er sich eine Orange geschält und sie sofort so, frisch aus der Schale gegessen. Das sei ja wunderbar. Und angeblich auch so gesund.

Markus, ein erwachsener Mann, verlässt nie das Haus ohne einen kleinen Plüschmaulwurf namens Beppo in der Tasche. So wie Beppo, sagt er, war ich mal: blind unter der Erde. Jetzt aber sehe ich. Beppo erinnert an das Dunkle, trägt er ihn bei sich, wird es ferngehalten.

Und Alma, Professorin für Kommunikation, reist nicht ohne Hasi, ein gestricktes Häschen mit roter Jacke. Marie fährt nicht mit der Straßenbahn, denn sie hat geträumt, sie werde in einer Straßenbahn sterben, und ich weiß: Wenn ich die blauen Schuhe anziehe, passiert was Schönes.

Ich zieh sie nur an, wenn es wirklich nötig ist, man soll es nicht übertreiben.

Oft begegne ich bei meinem Hundespaziergang durch den Wald dieser netten Frau mit dem großen, ungebärdigen, freundlichen Hund, der mich jedes Mal anspringt und ihr auch nicht folgt, wenn sie ihn ruft. Immer entschuldigt sie sich. »So ist er eben«, sagt sie, »er macht nur, was er will.«

Eines Sonntags kommt mir ein Mann mit genau diesem Hund entgegen. Der Hund will auf mich zulaufen, ein scharfer Pfiff, und er bleibt eisern bei Fuß.

»Den kenn ich doch«, sage ich, »der geht sonst immer mit einer Dame.«

»Meine Frau«, sagt der Mann. »Mit der macht er aber, was er will. Mit mir nicht.«

Wie immer ich über die Sache nachdenke, ich komme zu keinem Ergebnis. Was ist mir lieber, was ist richtiger? Letztlich, denke ich, hat der Hund sechs freie Tage und muss einmal am Sonntag für Herrchen ein bisschen spuren. Ganz gutes Leben für einen Hund.

Meiner hat es aber noch besser. Der macht an sieben Tagen, was er will. Dabei waren wir in der Hundeschule beim berühmten Hundetrainer Martin Rütter, und das konnte man sogar im Fernsehen sehen. Noch heute zeigen Leute auf den kleinen schwarzen Mops mit rotem Halsband und rufen: »Ach, das ist ja der Martin Rütter!«

Meine Mutter hatte ihren ersten Schlaganfall mit neunzig Jahren ganz gut überstanden. Sie musste aber wieder schreiben lernen, die Hand bewegen, richtig denken.

»Wie heiße ich?«, frage ich sie. Die Mutter lacht. »Elke.« »Schreib das!«

Sie schreibt: Elke. »Wie heißt der Hund?« »Mascha.« Krakelig und stolz schreibt sie mit großen Buchstaben: Mascha. »Wer ist das?« Die Freundin heißt Leonie. Mutter kritzelt: Leoni. Ein e fehlt. Wir lassen es durchgehen. Ich zeige auf meinen Mann, Mutters Schwiegersohn: »Und das ist …?« Mutter schreibt: Martin. Der Schwiegersohn heißt Bernd. Bernd und Mutter haben sich immer sehr gut verstanden, besser als Mutter und Tochter.

»Nein«, sage ich, »das ist doch dein Bernd, schreib mal Bernd.« Mutter sieht ihn strahlend an, lächelt verschmitzt und schreibt: Martin.

»Aber Mutter«, sagt Bernd und drückt sie. »Du weißt wohl nicht mehr, wer ich bin? Ich bin doch dein Bernd!?« Sie nickt: »Doch, weiß ich.«

Und schreibt: Martin.

Martin. Auch in den nächsten Tagen und bei allen weiteren Übungen: immer wieder Martin.

Er heißt aber wirklich Bernd. Und in der ganzen Familie gab es nie einen Martin, auch unter den Freunden nicht.

Da fiel mir ein, dass die Mutter einmal erzählt hatte, es habe eine große Liebe gegeben, ehe sie den Vater heiratete. Den hätten aber die Nazis schon ganz früh abgeholt, ein Politischer.

Sie hat nie seinen Namen genannt, und ich ahne auf einmal, wie er hieß.

Was macht unser Unterbewusstsein, unser Gedächtnis, unsere Seele, unsere Liebe mit uns?

MAUS

Mit fünfundsiebzig will Hilde noch einmal ein neues Leben. Sie verkauft ihr Haus in der Stadt und zieht in eine Wohnung mit großem Garten auf die Insel Amrum. Wir helfen beim Umzug, transportieren mit unserm Auto sie und ihre drei Katzen, immer vor dem Möbelwagen her. Auf dem Schoß hält Hilde eine Kiste mit Löchern, es knistert und knastert in der Kiste. »Was ist das?«, fragen wir, und sie wird sehr verlegen.

»Eine Maus«, sagt sie. »Die Katzen haben sie lebend gebracht, sie ist völlig unversehrt, die kann ich doch da nicht zurücklassen, wo soll die denn hin.«

Die Maus zieht mit um nach Amrum und lebt lange und friedlich in der Schublade einer Kommode. Ab und zu läuft sie im Zimmer oder auf der Terrasse herum, wenn die Katzen gerade anderes zu tun haben. Die Maus heißt Luise und ist Hildes heimlicher Liebling.

Ein Freund wird beerdigt. Ich bin selbst sehr krank, habe Angst, mit meiner Krankheit an einem Grab zu stehen. Aber ich gehe hin.

Peter hakt mich energisch unter.

»Komm«, sagt er, »wir stellen uns ganz an den Rand, da kann dir nichts passieren.«

Ich frage, warum, und er sagt: »Es heißt doch immer: Wieder hat der Herr jäh aus unserer Mitte einen Freund genommen. Der Herr nimmt immer aus der Mitte. Stell dich an die Ränder, und du bist auf der sicheren Seite.«

MOPS

Zwei Jahre wohnte unser Hund schon im Haus und durchpflügte seinen Garten, als nebenan eine neue Nachbarin einzog, auch mit Hund. Unser Hund ist ein fideler Mops, der Nachbarhund etwas Hohes, Steifbeiniges mit einem Fell wie ein Kamelhaarmantel. Er bellt nie, unserer bellt gern und oft. Nun bellt er voller Zorn und Machogehabe den neuen Nachbarhund an. Er will ihn herausfordern, eine Unterhaltung erzwingen, ein Kräftemessen.

Die Nachbarin tritt an den Zaun:

»Braucht das Tier vielleicht psychologische Betreuung?«

Das erinnert mich an den Spaziergang im Park neulich, als ich Mops Vito mehrmals rief, er wollte aber nicht von einer Hündin lassen. Ich musste ihn holen gehen, das Frauchen der Hündin, eine bebrillte ältere Dame, fragte mich streng: »Weiß das Tier, wie es heißt?«

Ja, es weiß, wie es heißt, und es wüsste einfach gern, wer der Nachbarhund ist. Es ist, liebe kluge Damen, einfach ein normaler Mops.

MORAL

Jahrelang habe ich Zigaretten der Marke Sweet Afton geraucht, gelbe Packung, schwarze und goldene Schrift. Auf der Packung abgedruckt war ein Gedicht von Robert Burns:

Flow gently, sweet Afton, among thy green braes,
Flow gently, I'll sing thee a song in thy praise
My Mary's asleep by thy murmuring stream,
Flow gently, sweet Afton, disturb not her dream.

Heute steht da: »Rauchen fügt Ihnen und den Menschen in Ihrer Umgebung erheblichen Schaden zu.«

Ich glaube, der Schaden, uns Gedichte auf Zigarettenpackungen vorzuenthalten, ist größer.

Ich hatte in Moskau noch eine Karte für das Bolschoi-Theater ergattert, kurz ehe es für die Renovierung jahrelang geschlossen wurde. Es gab Modest Mussorgskys Oper »Chowanschtschina«, und auf der maroden alten Bühne wollte nichts so richtig klappen: Die Kulissen wackelten, ein Pappbaum fiel um, und als der böse Schaklowiti im Schnee seine finsteren Intrigen spann, schneite es nur auf der einen Seite der Bühne, die andere blieb trocken, weil die Schneemaschine den Dienst versagte. Trotzdem war das Ganze für mich so ergreifend, denn mich verbindet viel mit Moskau – Bücher, Musik, Familiäres, Sentimentales –, und als das Licht in den riesigen Kronleuchtern erlosch, musste ich weinen. Neben mir saß eine alte Frau, die sehr abgearbeitet aussah, feingemacht war, etwas nach Mottenkugeln roch und eine kleine Tasche auf dem Schoß hielt. Sie sah mich schniefen, griff herüber und nahm energisch meine Hand in ihre raue Hand. Und hielt sie fest, bis zur Pause. Dann lächelten wir uns an, sie ließ los, reden konnten wir ja leider nicht. Ich hätte sie gern auf ein Glas eingeladen, konnte sie aber im Gewühl nirgends entdecken.

Nach der Pause saß sie wieder neben mir und studierte ihr Programmheft, ohne mich anzusehen, aber in dem Moment, als es dunkel wurde, griff sie wieder meine Hand. Völkerverständigung? Trost? Gemeinsames Erleben? Ich weiß es nicht, aber es war schön.

Musil hatte eine Gallenoperation überstanden, und im Erholungsurlaub 1926 erinnert er sich der »Tage und Nächte, wo Tod und Leben miteinander stritten«. Und er wundert sich: »Wie wenig bedeuten Gemälde, Romane, Philosophien in solchen Augenblicken! In diesem Zustand der Schwäche schließt sich das, was einem an Körper geblieben ist, wie eine fiebernde Hand, und die geistigen Wünsche schmelzen darin weg, wie Körnchen Eis, die nicht zu kühlen vermögen.«

Jeder Kranke kennt dieses Gefühl. Nichts hilft, wenn der Körper nicht mehr will.

MYTHEN

Vielleicht müssten wir unsern Atommüll für die nächsten
20 000 Jahre zu unberührbaren Gräbern, zu heiligen Kultstät-
ten erklären, damit kommende Generationen geschützt sind.
Vernunft hält die Menschen ja nie davon ab, sich zu gefährden,
aber Mythen manchmal schon.

NACHBARN

Diese Nachbarn waren schrecklich, wir alle gingen ihnen möglichst aus dem Weg. Sie sahen sehr heruntergekommen aus, die Frau dick und schlampig, mit fettigem Haar, der Mann mager, immer eine Zigarette im Mund, sie stritten lautstark, gingen aber immer Hand in Hand, doch es sah mehr so aus, als hätte er sie an sich gekettet. Sie grüßten durchaus freundlich, auch mit höflichen Worten: »Wie geht es Ihnen? Ist es nicht fabelhaft, dass der Sommer noch einmal zurückkehrt?« Aber waren wir an ihnen vorbei, hörten wir: »Diese dumme Sau!« oder »Solche Arschlöcher!«

Eines Tages gab es nebenan großes Geschrei, auch Hilferufe, dann kamen Polizei und Krankenwagen, wohl von der Tochter gerufen, einem unmäßig dicken, klumpigen Geschöpf mit stumpfem Gesicht, das immer mit gesenktem Kopf hinter den Eltern hergeschlichen war. Der Mann wurde vom Krankenwagen abtransportiert, die Frau von der Polizei.

In der Zeitung lasen wir später, dass sie ihn mit einem großen Messer erstochen hat. Seine letzten Worte, als der Arzt ihn blutüberströmt fand, sollen gewesen sein: »Ich habe mir diese Wunden nicht selbst beigebracht. Das war diese dumme Sau.«

Ich habe mit Theo in der Kneipe gesessen, es gab eine Menge zu erzählen. Er erzählte vom Ätna, ich von Neuseeland. Dann war es schon zehn. Wir sprachen über die Liebe und das Alt-werden. Das ging bis Mitternacht. Wir widerlegten Nietzsche und rehabilitierten ihn dann wieder, es war zwei geworden. Um drei sang Theo »Tangled up in blue«, und ich sang »It's alright Ma, I'm only bleeding«, und wir hatten einen Brief an das schwedische Nobelpreiskomitee fertig mit dem Befehl, in diesem Jahr endlich Bob Dylan den Nobelpreis für Literatur zu geben. Die Kneipe schloss.

Wir standen im strömenden Regen auf der Straße, und dann fuhr Theo mit dem Rad gefährlich schwankend nach Nippes, ich ging zu Fuß ins Belgische Viertel. Es war halb vier, Winter, dunkel, leer, kalt, es goss in Strömen. Ich ging mitten auf der Straße, da war mehr Platz.

In der Brabanter Straße kam mir ein Mann entgegen. Er ging auch mitten auf der Straße. Er war schwarz. Er war durchnässt bis auf die Haut, und er blieb direkt vor mir stehen und sah mich an.

»Das ist alles so ungerecht«, sagte er.

Ich dachte sofort an Afrika, an Aids, Diktatoren, Kolonialis-ten, Armut, Elend, Ebola. Alles ungerecht, ja, und vielleicht wollte sich dieser Mann für erlittenes Unrecht nun an mir rä-chen. Ich war aber ganz merkwürdig ruhig, denn diese Abende mit Theo machen mich immer kühn: Was soll denn passieren, was nicht schon mal auf der Welt passiert ist? Also breitete ich die Arme aus und sagte zu dem schwarzen Mann:

»Ja. Alles ist ungerecht. Aber das wissen wir doch.«

»Dieser Regen!«, antwortete er. »Es regnet seit Wochen in diesem Scheißland, und bei mir zu Hause hat es seit drei Jahren nicht geregnet, da vertrocknet alles und sie verdursten. Kannst du mir sagen, was das soll? Welches Arschloch denkt sich sowas aus?«

»Ich nicht«, antwortete ich wahrheitsgemäß. Er sah mich lange an.

»Dann ist es ja gut«, sagte er sanft und ging weiter, mitten auf der Straße, er in seine Richtung und ich in meine.

NACHTSCHATTENGEWÄCHSE

Ein Licht an der Decke der Kneipe flackert immerzu. Der Gast am Nebentisch mosert vor sich hin, erst leise, dann lauter.

»Datt flackert.«

»Nä, dauernd is datt am Flackern.«

Der Wirt kommt, stellt ein Bier hin.

»Gerd, datt Licht is am Flackern.«

»Ja, schon lange.«

»Un?«

»Watt, un?«

»Machze datt nich mal weck?«

»Mich stört datt nich.«

»Mich aber.«

»Wenn ich datt gezz weck mach, dann fehlet dir.«

»Nä, datt stört mich. Mach datt weck.«

Der Wirt steigt auf den Tisch, nimmt seine Schürze, weil die Birne heiß ist, schraubt, dreht die Birne fest. Nun ist sie ganz aus. Er schraubt die Birne raus, steigt vom Tisch.

»So, gezz flackert datt nich mehr.«

»Aber gezz isset düster.«

»Ja. So is datt. Entweder et is am Flackern oder et is düster.«

Nun mischt sich die Frau des Gastes ein und empört sich lautstark:

»Als wären wir Nachtschattengewächse.«

Wir sitzen im Auto. Er fragt: »Wie war denn dein Gespräch mit Frau Schneider?«

Ich sage: »Wie erwartet.«

Die Frauenstimme im Navigator sagt: »Nach einhundert Metern biegen Sie bitte links ab.«

Er sagt: »Was?« Ich sage: »Wie erwartet.« Er fragt: »Wie viel Meter?«

Die Frauenstimme sagt: »Nach siebzig Metern bitte links abbiegen.«

Ich sage: »Sie hat schlechte Laune.« Er sagt: »Das ist doch eine Automatenstimme, die klingt immer gleich.« Ich sage: »Nein, Frau Schneider.«

Die Frauenstimme sagt: »Bitte jetzt links abbiegen.«

Er sagt: »Warum hat die schlechte Laune?« Ich sage: »Weil der Termin nicht einzuhalten ist. Ich kann ihr keine Rezension schreiben, wenn ich das Buch nicht habe. Ich lese doch nicht siebenhundert Seiten am Computer.«

Die Frauenstimme sagt: »In achthundert Metern nehmen Sie im Straßenkreis die dritte Ausfahrt.«

Er fragt: »Achthundert?« Ich sage: »Siebenhundert.«

Die Frauenstimme sagt: »In sechshundert Metern nehmen Sie im Straßenkreis die dritte Ausfahrt.«

Er sagt: »Was denn nun?« Ich sage: »Siebenhundert Seiten, und das Buch ist noch nicht gedruckt, ich müsste es im Computer lesen.«

Die Frauenstimme sagt: »In hundert Metern nehmen Sie die dritte Ausfahrt.«

Er fragt: »Bis wann musst du das denn fertig haben?« Ich sage: »Bis zum vierten.«

Die Frauenstimme sagt: »Jetzt nehmen Sie die dritte Ausfahrt.«

Er fragt: »Was denn nun, dritte oder vierte?« Ich sage: »Zum vierten.« Er fragt: »Welche Ausfahrt?«

Die Frauenstimme sagt: »Jetzt bitte wenden.«

Ich gebe auf. Zu dritt geht es nicht.

NEBENVERDIENST

Atze, immer in Geldnot, setzt sich an Sommerabenden in der Innenstadt so hin, dass er die Straße und vor allem die parkenden Autos gut im Blick hat. Das Lokal liegt in der Nähe von Theater, Oper, Kinos, und viele Autofahrer suchen oft in Eile einen Platz, parken ein, parken aus, und dabei wird auch schon mal an die Stoßstange von Vorder- oder Hintermann getitscht. Sofort steht unser Freund auf. Er, der weder Führerschein noch Auto besitzt, gibt den Besitzer des angetitschten Wagens, begutachtet den Schaden, findet Kratzer, will aber mit der Polizei auch nix zu tun haben und schlägt vor, die Sache mit einem Fuffi aus der Welt zu schaffen. Er bekommt den Fuffi, und wenn das zwei-, dreimal pro Abend passiert, kann man davon schon ganz gut leben. Ist gar nichts los, lässt Atze zwei Freunde schon am Morgen, wenn noch Platz ist, ihre ramponierten Autos so parken, dass eine knappe Lücke dazwischen entsteht. Man muss titschen, um einzuparken, und man titscht so verbeulte Kisten leichtfertiger. Dieser Abend verspricht reiche Einnahmen.

NIE UND NIMMERMEHR

In Italien hatte ich zwei junge, herrenlose Katzen aufgelesen und taufte sie kurzerhand Max und Moritz. In Deutschland fanden sie ein Zuhause bei zwei älteren Damen in Baden-Baden, die außerhalb der Stadt auf einem Hügel mit großem Garten wohnten. Die Kater waren wild, zerkratzten Möbel und Tapeten, jagten Vögel, brachten Mäuse ins Haus, wurden von den alten Damen zwar sehr geliebt, obwohl sie den Papagei im Wintergarten getötet hatten, trieben sie aber doch oft auch zur Verzweiflung. Ihre Namen waren geändert worden, denn »Nie und nimmermehr«, sagte die eine der Damen zu mir, »würden wir uns solche wilden Biester ein zweites Mal aufschwatzen lassen.«

Und so hörte man sie oft abends übers Tal rufen, wenn die Kater mal wieder unterwegs waren:

»Nie! Nimmermehr!« So hießen sie jetzt. Sie wurden fast zwanzig Jahre alt, was für Nie & Nimmermehr recht viel ist.

Wie verzweifelt muss dieser Mann gegen Ende seiner geistigen Klarheit gewesen sein, dass er dann in die alles sanft umhüllende Nacht fiel!

Die Dithyramben schrieb sich Friedrich Nietzsche kurz vor seinem endgültigen geistigen Verfall, 1888, und im Vortext dazu: »Dies sind die Lieder Zarathustras, welche er sich selber zusang, dass er seine letzte Einsamkeit ertrüge.«

Ich bin nur ein Narr, klagt er, nur ein Dichter! Und: »Weh dem, der Wüsten birgt!« Die Wüste in ihm wuchs, das Dunkle, das Instinkthafte.

Und er unterschrieb mit Dionysos, das war der Jüngste der griechischen Götter – der Gott des Weines, der Freude, der Ekstase. Und er sagte: Es muss mit Blut geschrieben sein.

Weh dem, der Wüsten birgt. Und wehe, wenn Gott und Mensch zusammenstoßen.

Und ich denke: Im Meer der Unsicherheiten des Lebens gibt es nur eine Straße, der man blind folgen kann: die der Kultur.

»Durch die Kunst«, sagt Jean-Luc Godard, »ist es uns möglich, uns umzudrehen und Sodom und Gomorrha zu sehen, ohne daran zu sterben.«

NOTIZBUCH

Ich finde ein altes Notizbuch und darin folgende rätselhafte Einträge:

Mandarinen in Tüten.

Grauer Staub überall. Krupp, Kanonen, Rüstungen, Sänften.

2 Billionen Dollar

Die Desinfektions-Manie!

Do good things. Speak good words. Think good thoughts.

Ten – no: Sohn des Himmels

Jama – Berg, Fuji – Gipfel

Naga – Berg, Saki – Vögel.

Und plötzlich erinnere ich mich: Es sind Notizen aus dem Atommuseum in Nagasaki, wo die Bombe fiel.

Krupp, Kanonen. Wir haben sie gebaut. Die Amerikaner haben sie geworfen. Zwei Billionen Dollar hat sie gekostet.

Grauer Staub überall.

Einmal war ich in Wien, als Rudolf Nurejew in der Staatsoper ein Gastspiel gab. Natürlich waren auch auf dem Schwarzmarkt keine Karten mehr zu kriegen. Rudolf Nurejew!!! Aber wenn es sein muss, kann ich sehr erfinderisch und hartnäckig sein, und ich fand den Mann heraus, der in Wien die meisten Beziehungen hatte, natürlich darf ich ihn nicht verraten. Ich erzählte ihm am Telefon von meinem Wunsch: Ich wollte einmal Nurejew tanzen sehen, den schönen Mann aus Ufa, der verbotenen Stadt, den Mann, der Männer und Frauen liebte und sich drehte und sprang wie kein Zweiter und in den ich als Teenager so verliebt gewesen war! Auf meine Sehnsuchtstirade antwortete der wichtige Wiener: »Wos für a Kleidergrößen hast?« Ich war verdutzt, sagte: 38 – das waren noch schöne schlanke Zeiten, und er fragte: »Schuhgröße?« 39, die Schuhgröße bleibt einem ja treu. Er bestellte mich, am Abend des Gastspiels, für eine halbe Stunde früher in die Oper.

Ich traf ihn an mit einer Rotkreuzschwester namens Marie, in kompletter Tracht und Schnürschuhen, und er wies uns an, die Kleider zu tauschen. Auf der Damentoilette schlüpfte sie in mein kleines Schwarzes und die Pumps, ich in die knallhart gebügelte Schwesterntracht mit Schürze und Häubchen. Dann zeigte mir der Wohltäter einen Stuhl neben Reihe drei, wo bei jeder Vorstellung eine Schwester zu sitzen hat, den Erste-Hilfe-Koffer neben sich. Nun wurde mir aber doch schummerig zumute: »Ich weiß doch gar nicht, was man macht, wenn jemand umfällt?« Mein Wohltäter winkte gelassen ab, und kurz ehe die Türen schlossen, rief er: »Is a Oarzt im Saal?« In Reihe dreizehn meldete sich ein Mann, ja, er sei Arzt – und mein Bekannter beugte sich zu mir und flüsterte: »Den merkst dir, Schatzerl.« Dann ging er mit Schwester Marie in meinem Kleid an die Bar, ich sah Nurejew tanzen, niemand fiel um, und es war ein wunderbarer Abend.

Einer meiner ersten richtigen Küsse war sofort mit einer Ohrfeige verbunden. Mein damaliger Freund, ich sechzehn, er achtzehn, war über eins neunzig groß. Ich reckte mein sehnsüchtiges Gesicht hoch zu ihm, er küsste heftig herunter, und krach: Mein Kiefer war ausgerenkt! Geistesgegenwärtig haute er mir sofort kräftig eine runter, und der Kiefer sprang zurück ins Gelenk. Liebe und Schmerz – auch hier funktionierte die bewährte Verbindung.

Er ist übrigens ein sehr guter Orthopäde geworden, nach nun fast sechzig Jahren noch immer mein Freund, und ich würde gern noch einmal so heftig geküsst werden. Ob ich ihn frage?

Wenn er diese Geschichte liest, habe ich Chancen.

OKTOBERFEST

Vor vielen Jahren saß ich mit Freunden aus Amerika in einem Bus, der uns zum Münchner Oktoberfest fuhr. Die Fremdenführerin stand mit dem Mikrofon vorne und erklärte den Amerikanern, die grüne Seppelhüte und Lederhosen, Dirndl und Kropfbänder trugen:

»And when they sing: Oans, zwoa, gsuffa, that means: one, two, three, drink!«

Hans, sagt Elfriede zu ihrem Bruder, bitte, geh zum Markt und hol Kartoffeln und sechs Eier. Auf dem Weg kannst du diese Post einwerfen, und auf dem Rückweg vom Markt kommst du ja an der Reinigung vorbei, hol bitte deine Jacke ab, hier ist der Zettel.

Onkel Hans, schwerfällig, ängstlich, ein wenig einfältig, geht los, die Briefe in der Hand. Er kommt bald zurück.

Wo sind die Kartoffeln, die Eier, wo ist die Jacke?, fragt Elfriede ungeduldig. Das mach ich jetzt, sagt er, nimmt das Einkaufsnetz und geht wieder los. Elfriede schlägt sich an die Stirn, so ein Dussel, der Briefkasten liegt doch auf dem Weg!

Onkel Hans kommt zurück, Kartoffeln und Eier im Netz. Wo ist die Jacke?, ruft Elfriede. Er nimmt ruhig den Zettel von der Reinigung und sagt: Das mache ich jetzt.

Und geht abermals los.

Sie kann es nicht fassen, es ist das einzige Thema beim Abendbrot: Wie dumm er ist, wie umständlich, wie ungeschickt. Seine Antwort ist ganz ruhig.

Ein Mann geht *einen* Weg, sagt er und isst Bratkartoffeln mit Ei.

Meine Mutter liebte Opernmusik. Sie war sehr musikalisch und konnte alles Gehörte rasch und richtig nach- und mitsingen. Ich erinnere mich an Sonntage in unserer Küche, sie bügelte oder nähte, ich saß über den Schulaufgaben am Küchentisch, und im Radio lief das Wunschkonzert. Meine Mutter, sonst streng und hart, sang mit weicher Stimme die traurige Arie des Orpheus aus Glucks Oper mit: »Che farò senz' Euridice« … aber sie sang es natürlich auf Deutsch, denn damals wurden alle Opern noch mit deutschen Texten übertragen.

Ach, ich habe sie verloren!
All mein Glück ist nun dahin.
Wär, oh wär ich
Nie geboren –
Weh, dass ich geboren bin.

Zwischen »Glück dahin« und »wär, oh wär« bekam ich rasch eine Ohrfeige, weil ich dem Bismarck in meinem Geschichtsbuch Hasenohren gemalt hatte. Dem innigen Gesang tat das keinen Abbruch. Und einmal sang sie Germonts herzerweichende Arie aus »La Traviata«, mit der er seinen Sohn Alfredo zur Abkehr von dieser Frau und zur Rückkehr nach Hause überreden will:

Hat dein heimatliches Land
Keinen Reiz für deinen Sinn?

Wer zerriss das zarte Band,
das dich hielt zur Heimat hin?

Und zwischen »deinen Sinn« und »Wer zerriss« schrie sie: »Herrgott nochmal, beschmier mir nicht den ganzen Tisch mit deinen Mandarinenpfoten!«, und sang dann innig weiter. Kunst und Leben – dass es zusammenpasst, zusammengehört, ich habe es früh gelernt.

OSTEN

In den sechziger Jahren studierte ich in Berlin. Ich fuhr oft in den Osten, ging ins Theater am Schiffbauerdamm und kaufte mir »drüben« meine Klassiker in billigen Ausgaben zusammen. Einmal, als ich gerade vormittags mit einer Theaterkarte von der Kasse kam, traf ich einen jungen Mann. »Ach«, sagte er, »wie gern würde ich da auch mal reingehen, aber für unsereins gibt es nie Karten!« Ich drehte sofort um und kaufte noch eine. Als ich sie ihm gab, schlug er vor, dass er mir den Müggelsee zeigte.

Wir fuhren mit der Bahn hin, machten ein kleines Picknick, erzählten – er vom Osten, ich vom Westen. Er fragte mich aus: Wie seht ihr da drüben uns hier? Ich wusste wenig, war jung und dumm, fabelte mir etwas zusammen, wollte auch ihn, den Ostler, nicht unnötig kränken.

Wir fingen an, uns so ein kleines bisschen ineinander zu verlieben. Ich fand eine solche Ost-West-Romanze höchst romantisch, ich war Anfang zwanzig und gerade am Ende einer unglücklichen Studentenliebe, da kam mir Roland – so hieß er – gerade recht. Ich hatte schon Pläne von Tabak- und Kaffeepäckchen für ihn im Kopf.

Abends waren wir dann zusammen im Theater, es gab Wilhelm Tell, und wir deuteten das »einig Volk von Brüdern«, das gegen Tyrannenwillkür aufstand, beide höchst unterschiedlich, fast bis zum Streit. Dann brachte er mich an den Zonenübergang Friedrichstraße, bis 24 Uhr musste ich ja zurück sein im Westen. Er ging mit mir bis vor den Schalter, an dem man Abschied nehmen musste – Tränenpalast, nicht umsonst hieß diese Baracke so. Und dann holte er seinen Westausweis heraus, zeigte ihn vor, lachte, ging mit mir in den Westen. Es war alles nur ein Spiel gewesen.

Ich war darüber – und über meine Naivität – so entsetzt und beschämt, dass ich ihn nie wiedersehen wollte, obwohl er sich noch lange darum bemühte. Eine West-West-Romanze konnte ich nach diesen Anfängen nicht ertragen.

Festspiele in Bayreuth, Parsifal, Pause.

Ich liege auf einer Wiese in der Sonne, die Augen geschlossen, höre der Musik noch nach. Am Rand der Wiese eine Bank. Ein Ehepaar unterhält sich, ungewollt höre ich zu.

»Was wollte denn dieser Schlingensief, ich versteh das gar nicht.«

»Der ist eben Künstler. Das ist was ganz Eigenständiges.«

»Aber ich versteh den nicht.«

»Da darf man sich aber nicht gegen wehren. Er will ja was erzählen.«

»Aber was?«

»Das ist alles entlehnt.«

»Wo denn?«

»Einiges hab ich auch nicht verstanden. War das der Titurel da unten in der Gruft?«

»Dass der mit der Wunde noch so rumlaufen kann!«

»Wenn ich Parsifal gewesen wäre, ich hätte auch nicht verstanden, was ich da eigentlich soll.«

»Aber die Musik ist schön.«

»Absolut, absolut.«

»Aber dass die Sänger das als Schauspieler so mitmachen, also, dass die das mitmachen!«

Längst habe ich den Dialog auf den Rand meines Programmheftes gekritzelt. Alles kriege ich nicht mit, aber es geht weiter, auch in der nächsten Pause höre ich Schönes.

»Was will der Gurnemanz eigentlich, was verkörpert der?«

»Der will uns einfach nur provozieren.«

»Der Gurnemanz?«

»Der Schlingensief.«

»Wie geht das eigentlich aus, schlecht oder gut?«

»Schlecht, bei Wagner geht es immer schlecht aus.«

»Parsifal nicht, glaub ich.«

»Doch, der irrt ewig da rum bei diesem Gral.«

»Irgendwie mysteriös, oder? Alles immer so zwischen Schuld und Sühne, oder?«

Wenn unser Feuilleton wüsste, wie das Publikum wirklich denkt und fühlt, wäre es dann vielleicht weniger hochnäsig elitär?

PASSION

Inge, die etwas wirre und oft sehr anstrengende Freundin, ruft an:

»Heute Abend ist in der Magdalenenkirche in Brühl um acht Uhr die Matthäuspassion von Bach!«

Na gut, wir haben Lust, wir holen Inge ab, sie hat ja kein Auto.

Es wäre aber schon um sieben Uhr gewesen, und es war die Johannespassion von Schütz.

So ist das immer mit Inge. Unsere private Passion.

PAULA

Paula ist alt, Paula ist arm, Paula ist stolz. Und Paula ist gewitzt. Eine neue Brille kann sie sich nicht leisten, also geht sie zum Fundbüro und meldet ihre Brille als verloren. Im Fundbüro sind viele Brillen in einem großen Karton. Einen Augenblick denkt Paula an Auschwitz, an die Berge von Brillen, Schuhen, Kleidern, Haaren. Sie schiebt diese Gedanken weg. Sie hat überlebt. Sie ist neunzig, sie will hundert werden, mit oder ohne Schuld, mit oder ohne Geld. Aber bitte mit Brille.

Erkennen Sie denn Ihre Brille?, fragt der Beamte im Fundbüro. Paula beschreibt eine Brille, wie sie gern eine hätte: Ja, oval, Horn. Wie die da.

Sie setzt sie auf und sieht nichts.

Nein, die ist es nicht.

Sie probiert weiter, fünf, sechs, sieben Brillen – bis sie eine findet, die ihr gefällt und durch die sie perfekt sieht.

Das ist sie! Meine Brille! Ich bin sehr glücklich.

Sie nimmt die Brille mit. Das hat geklappt. Das macht sie nun auch mit Schirmen und Wintermützen so. Man muss sehen, dass man sich, wie Paula sagt, schadlos hält.

PECH

Einen Tag vor Heiligabend verschwand Henning. Seine Frau rief uns aufgelöst an. Er habe ihr zwar keinen Brief hingelegt, aber alle Versicherungspolicen und Papiere geordnet und auf dem Couchtisch ausgebreitet, es sah aus wie ein endgültiger Abschied. Sie wollte die Polizei noch nicht einschalten, vielleicht nach Weihnachten?

Am ersten Weihnachtstag kam Henning zurück. Er sei, erzählte er, in dem hessischen Dorf gewesen, in dem er aufgewachsen ist. Und er habe vorgehabt, sich wegen seines Alters, seiner Angst vor Krankheit, seiner Depressionen, seiner zerbrochenen Ehe von dem Wasserturm zu stürzen, auf den er als Kind so oft gestiegen sei. Er habe sich geradezu darauf gefreut, dort Schluss zu machen mit dem Leben.

Aber man habe den Wasserturm über Weihnachten in eine riesige rote Kerze verwandelt – man konnte nicht nach oben. Und also auch zum Sterben nicht nach unten.

Pech.

PERLEN

Als meine Mutter starb, hinterließ sie mir ihre Perlenkette. Ich hatte schon eine Perlenkette: zur Konfirmation mit vierzehn Jahren vom Vater geschenkt bekommen, fast nie getragen. Wer trägt Perlen? Perlen, sagt man, sind Tränen.

Aber jetzt, im Alter, warum eigentlich nicht – ich sitze am Tisch und habe beide Perlenketten vor mir. Bei der vom Vater ist der Verschluss kaputt, die von der Mutter ist auf einen schmutzig gewordenen Faden geknüpft. Beide müssten neu aufgezogen werden, man trägt auch heute geknüpfte Ketten nicht mehr, und die vom Vater ist einen Hauch zu lang, sie sollte gekürzt werden. Aber eigentlich sind beide sehr schön, sie schimmern, sie sehen sanft aus. Ich will sie nun tragen.

Ich bringe die Ketten zu Frau von Kochnitz, einer verarmten Adeligen, die sich mit dem Reparieren von Schmuck und dem Auffädeln von Ketten ein wenig Geld verdient. Sie ist teuer, aber sie macht es gut.

Nach drei Wochen schickt Frau von Kochnitz die Perlenketten per Einschreiben und mit einer Rechnung von 150 Euro zurück, dazu einen Brief auf Büttenpapier, in zierlicher Schrift: »Sie wissen schon, dass eine der beiden Ketten falsche Perlen hat, nicht wahr?«

Sie schreibt nicht, welche. Nun habe ich viel zu denken. War mein Vater ein Betrüger und hat seinem einzigen Kind zur Konfirmation billige Kaufhausperlen geschenkt? War meine Mutter zu geizig und trug falsche Perlen?

Beides wäre denkbar.

Aber wahr ist, dass ich es nicht näher wissen will. Ich trage abwechselnd beide Ketten, und immer wieder höre ich: »Oh, so schöne Perlen.«

PHOTOS

Das Rätsel, ob man damals glücklich war oder nicht, ist nicht zu lösen. Ich gehöre noch zu der Generation, die eine Photokiste hat, in der man manchmal kramt. Das Handyzeitalter macht Photokisten überflüssig.

Ich sehe meine Eltern, meine Mutter ist schon nicht mehr jung, sie trägt mich auf dem Am und sieht sehr ernst aus, es ist Krieg. Mein Vater steht daneben, grinst unsicher, stupst sein Baby mit einem Finger an. Zwischen ihnen beiden spürbar ein Eismeer. Aber war das wirklich so? Ein Moment, festgehalten für die Ewigkeit, ist eben immer nur dieser eine Moment. Es gibt kein Vorher, kein Nachher, keine Küsse, kein Geschrei, keine Trennung, kein Gerade-aus-dem-Krieg-Kommen, kein nach diesem Schnappschuss Wieder-hin-Müssen.

Ich, das Baby auf dem Arm, ziehe die Stirn kraus und weiß noch nicht, was mich erwartet. Es ist das einzige Bild, auf dem wir alle drei zu sehen sind. Als Geister dabei die nicht geborenen Kinder. Als drohendes Unglück dabei der Krieg. Als Vorahnung dabei Trennung, Tränen, Verzweiflung.

Ein Moment trügerischer Ruhe. Ein Bild, das mich schmerzt, wann immer ich es sehe. Ich möchte dieses kleine Mädchen da auf dem Arm schützen und warnen.

Entdeckt: zwei Dichter, die in ihren Gedichten einander antworten, wie damals Else Lasker-Schüler, die an Benn eifersüch-
tig schrieb:

Ich bin dein Wegrand,
die dich streift,
stürzt ab.

Und er, schroff zurück:

Keiner wird mein Wegrand sein.
Lass deine Blüten nur verblühn.
Mein Weg flutet und geht allein.

Wie tief hat mich das damals verstört, als auch ich liebte und
zurückgewiesen wurde. Heute finde ich wieder zwei, die sich
aufeinander beziehen. Ilse Aichinger:

Wenn die Post nachts käme
Und der Mond
Schöbe die Kränkungen unter die Tür …

Und Reiner Kunze:

Kämen die Kränkungen
nur mit der Post
und am Morgen,
wenn wir an uns glauben!

Sie hatte einen aufsteigenden Politiker kennengelernt, und wenn sie in Hotels miteinander schliefen, lag seine Pistole auf dem Nachttisch, und ein Bodyguard stand vor der Tür. Das alles war aufregend, auch die Heimlichkeiten, aber sie liebte ihn nicht und er sie wohl auch nicht. Es war eine Geschichte von kurzer Leidenschaft.

Jahre später, er war jetzt wirklich sehr berühmt und sehr mächtig, schrieb er ihr mit der Hand und mit seinem vollen Namen in einem Brief, wie schön und wie wichtig das damals alles für ihn gewesen sei.

Dafür, dass er sich derart öffnete und ein solches Dokument aus der Hand gab, liebte sie ihn, jetzt, nachträglich. Sie hat ihm vorsichtshalber nicht geantwortet. Er soll sich sicher fühlen.

POST

Mein Studium habe ich mir zum Teil als Briefträgerin verdient. Morgens zwischen fünf und sechs wurde die Post sortiert, dann radelte ich los mit dem schweren gelben Rad, bei jedem Wetter. Mein Bereich waren Münchens Außenbezirke, Neubiberg, Ottobrunn.

Ein Mann im Schlafanzug fing mich an seiner Haustür ab, ging mit mir zur Garage. Er zeigte mir einen Umschlag, die Adresse in Handschrift mit lila Tinte.

»Wenn so ein Brief kommt«, sagte er, »nie in den Briefkasten werfen. Hier unter die Farbdosen legen. Die Garage ist immer offen. Und es wird immer auch für Sie da etwas liegen. Haben wir uns verstanden?«

Ich hatte verstanden. Ich legte die Briefe seiner Geliebten unter die Farbdosen, fand dort jedes Mal zehn oder fünf Mark, und manchmal sah mir vom Küchenfenster aus seine Frau stumm dabei zu, wenn ich das Rad abstellte und in die Garage schlich.

Als ich in den fünfziger Jahren ein Schulkind war, hatten wir verbitterte Lehrer. Die Frauen ohne Männer, die waren im Krieg gefallen, die Männer ohne ein Bein oder einen Arm, die waren in Stalingrad geblieben. Die Fragen nach dem Sinn dieses furchtbaren Krieges unbeantwortet in der Luft, die Bestraf- und Prügelrituale noch nicht überwunden. Zu Hause war es nicht besser. Die Mütter hart geworden, die Väter versehrt an Leib und Seele, die Kinder überflüssig durch die Wiederauf- baujahre gezerrt, Kinder bei Tisch / stumm wie der Fisch, so lange du die Füße unter meinen Tisch … Jaja.

Mein Vater war Automechaniker in einer Werkstatt für Luxusautos. Denn Luxus war in den Fünfzigern sehr gefragt bei denen, die schon wieder was hatten, bei denen, die aus den 40 Mark bei der Währungsreform irgendwie mehr gemacht hatten als mein Onkel Hans.

Ein repariertes Auto braucht eine Probefahrt. Die Probefahr- ten machte mein Vater zu meiner Schule, um mich abzuholen. Mein Mathematiklehrer kam an Krücken aus dem Schulge- bäude, mein Biologielehrer saß mit Fahrradklammern an der Hose auf dem Rad, meine Lateinlehrerin klemmte ihre Plas- tiktasche unter den Arm und sagte im Vorbeigehen zu mir: »Wozu brauchen Arbeiterkinder neuerdings Abitur?« Und da fuhr ein Maybach vor, ein schwarzglänzender Maybach oder ein BMW V8 mit geschwungenem Trittbrett, ein Mercedes, silbern, mit Ponton- und Heckflosse, ein grüner Jaguar, jeden Tag ein anderes luxuriöses Auto. Ein Mann stieg aus, der eine Mütze trug und Handschuhe. Die Mütze nahm er ab, verbeugte sich vor mir und öffnete die hintere Wagentür. Ich stieg ein, und wir fuhren ab. »Das Fräulein steigt immer hinten ein«, hatte mir mein Vater unser Spiel erklärt, und die Handschuhe trug er, um die elfenbeinfarbenen Lenkräder nicht mit seinen Händen voller Wagenschmiere zu beschmutzen.

Diese Geschichte allein hätte gereicht, um mich verhasst zu machen an meiner Schule. Aber es war ja noch viel schlimmer:

Zu Hause saß meine Mutter, die Näherin war, an ihrer Singer-Nähmaschine und hatte einen großen Auftrag an Land gezogen: für die wieder eröffneten Kinos und Theater der Region nähte sie die roten Samtvorhänge. Unsere Küche, unsere zwei kleinen Zimmer, alles quoll über mit rotem Samt. Und es fiel immer etwas Samt ab – davon bekam ich ein Mützchen, einen Schal, eine Bordüre an Rocksaum oder Ärmeln, einen kleinen Muff.

Nun stelle man sich das ganze Szenario vor: Die Prinzessin in rotem Samt verlässt die Schule, steigt in einen Jaguar mit Chauffeur und fährt ab. Fährt in ihr trostloses Zuhause, fünf Personen, die sich hassen, in zwei Zimmern mit Küche, kein Bad, Klo eine Treppe tiefer.

Aber das weiß ja keiner.

Es erklärt aber, warum ich heute, mit siebzig, so oft rote Samtjacken trage und einen grünen Jaguar mit elfenbeinfarbenem Lenkrad fahre. Ich habe lange gebraucht. Jetzt kann ich es genießen. Mein Jaguar hat das Kennzeichen K – R 3506. Mein Vater hieß Karl Riegert, und sein Geburtstag war der 3. 5. 1906. Ich steige ein in meiner roten Samtjacke und sage: Hallo Karl, hallo Paula, hier bin ich. Ihr habt alles richtig gemacht. Danke.

PUSCHEL

Sechzehn Jahre war Klara alt und so verliebt in ihren Tanzlehrer! Damals waren die Sechzehnjährigen sehr viel naiver
und unschuldiger als heute, und als dann der Tanzlehrer nicht
mit ihr ein wenig zu flirten begann, sondern mit der älteren
und reiferen Monika, da ging sie nach Hause und schrieb
schluchzend in ihr Tagebuch:

»Er liebt mich nicht. Er macht mit der doofen Monika rum.
Dann guck ich jetzt eben im Fernsehen *Puschel, das Eichhorn*.«

Wir beschäftigen Putzfrauen, die aus sehr fernen Ländern kommen. Wir bezahlen sie gut, wir duzen uns mit ihnen, wir verstehen sie nicht und sie uns nicht.

Die Putzfrau meiner Freundin will das Zimmer nicht putzen, in dem der in der Mitte geteilte Spiegel hängt. Sie bekreuzigt sich, bittet, den Spiegel abzuhängen und zu verhüllen, dann erst kann sie das Zimmer putzen.

Die meine geht nicht in den Keller, denn da läuft eine alte Frau herum, die den Kopf unter dem Arm trägt. Sie ist, sagt Dardana, im Krieg in diesem Haus umgekommen.

Und auf dem Haus liegt sowieso ein Fluch: zu viel Alkohol im Keller. Darum findet die Frau ohne Kopf auch niemals Ruhe. Also trage ich Putzeimer und Staubsauger selbst herauf und hinunter. Irgendwann werde ich sowieso wieder selbst putzen müssen, wenn das so weitergeht.

Hermann und Fritz, zwei gut verdienende Medienmenschen um die fünfzig, in letzter Zeit etwas anfällig für Kurzatmigkeit und wachsenden Bauchumfang, beschließen, für ihre Körper etwas zu tun, denn sehr junge Frauen spielen in ihrem Leben eine große Rolle. Da muss man schon mithalten können. Man will Rad fahren, und zwar auf Rennrädern, kostspieligen Maschinen mit ausgefeilter Technik.

Hermann und Fritz kaufen sich Rasseräder, stahlblau das eine, ferrarirot das andere, sowie passende Kleidung, Schuhwerk, Radcomputer, Notbeleuchtung, Trinkflasche. Es kann losgehen. Männer und Maschinen stehen in den Startlöchern.

Aber wohin fährt man? Wie genau? Wie weit? Wie lange? Keiner von beiden ist je auf einem Rennrad gefahren. Man braucht Rat und Hilfe, einen Trainer, einen Coach.

Der bietet sich an in dem gemeinsamen Bekannten Udo, Ex-Eishockeynationalspieler, der sich in seinen aktiven Zeiten die gute Kondition mit Radfahren erhalten hat. Udo ist bereit.

Sonntagmorgen, sieben Uhr, schlägt er vor. Sehr früh für Hermann und Fritz. Treffpunkt Südbrücke Köln. Udo kommt, grüßt, nickt anerkennend: »Gutes Gerät!«, und fährt gleich weiter und sagt: »Fahrt erst mal hinter mir her, am Mittag bereden wir dann alles.«

Am Mittag? Hermann und Fritz hatten an ein Stündchen gedacht. »Wenn wir zügig fahren, sind wir mittags in Frankfurt und gehen bei meinem Freund essen, ein Superitaliener. Da können wir dann immer noch überlegen, ob wir zurück auch radeln oder den Zug nehmen.«

Tatsache ist, dass niemand Hermann und Fritz je wieder auf dem Rennrad gesehen hat, und sie bevorzugen inzwischen dann doch eher die nicht mehr ganz so jungen Frauen.

RAUCHEN I

Damals haben wir *Dallas* gesehen und *Die Schwarzwaldklinik*. Da lebte meine Mutter noch.

Sie fand JR fies und liebte Dr. Brinkmann, aber wenn er rauchte, sagte sie: »Der ist doch Arzt! Dass der raucht!«

Jetzt sah ich nach Jahren, Mutter, JR und Dr. Brinkmann sind längst tot, eine Folge der *Schwarzwaldklinik* im Fernsehen. Und am Steuer seines Wagens saß Dr. Brinkmann – nein, er war ja sogar der Professor Brinkmann – und rauchte. Ich weiß, was Mutter jetzt gesagt hätte:

»Guck, der raucht auch, obwohl er Arzt ist. Alles lassen wir uns von den Grünen auch nicht verbieten!«

RAUCHEN II

Als meine Stammkneipe zum Club und also zu einer Raucher-
kneipe wurde – inzwischen ist sie rauchfrei, wie alles in NRW –,
saßen wir im Sommer draußen. Karl zündete sich eine Zigar-
re an, und zwei Frauen rümpften die Nase und sagten: »Also,
wenn du rauchen willst, gehst du bitte rein.«

Du sitzt im Regen, unter dem schützenden Dach der Terrasse, im Garten. Du schaust über das Tal, aus dem Wolkendampf heraufsteigt. Nur wenige Kilometer von dir entfernt liegt der Mann, den du liebst, in einem klammen Hotelbett mit der unglücklichen Schauspielerin, die gerade von ihrem Mann verlassen wurde. Der Mann, den du liebst, denkt, während er mit der Schauspielerin schläft, an seine Frau, die in einer psychiatrischen Klinik lebt und die einzige ist, die er je geliebt hat, aber das hat er zu spät gemerkt. Du liest in der Zeitung eine Theaterkritik, die ein ehemaliger Liebhaber von dir geschrieben hat, darin spricht er der Schauspielerin, die gerade mit dem Mann, den du liebst, zusammen ist, jedes Talent ab. Trotz allem freust du dich nicht darüber.

Dein Ehemann windet sich gerade aus der Affäre mit einer Frau, die mit diesem Theaterkritiker verheiratet war und jetzt deine Ehe zerstören will, aber das wird ihr nicht gelingen, denn diese Ehe hat viel ausgehalten. Jahre später wird es einer anderen, raffinierteren Frau gelingen, die Ehe im Handstreich doch zu zerstören, aber da ist der Mann, den du eigentlich liebst, schon lange tot, und du bist es im Grunde auch.

Es regnet weiter, der Abend kommt, und in seinem Auto verführt gerade der Architekt, der sich heute die renovierungsbedürftige Terrasse angesehen hat, die Tochter des Hotelbesitzers, in dessen Hotel der Mann, den du liebst, gerade mit der Schauspielerin schläft, die so traurig ist, dass du es ihr nicht einmal übelnehmen kannst. Die Tochter des Hotelbesitzers hat sich lange gegen die Nachstellungen des Architekten gewehrt, aber jetzt erwischt es sie doch.

REISEGESICHT

Ich bin viel gereist. Ich war auf allen fünf Kontinenten, in fast allen Metropolen, ich war in der Antarktis und in Afrika, in China und Amerika und auf Kuba, und jede Reise hat etwas mit mir gemacht.

Es gibt ein Lied von Paolo Conte, es heißt »*Genova per noi*«, Genua für uns, und es erzählt von den Bauern, weitab im Hinterland, die von Genua träumen, der Stadt am Meer. Und eines Tages fahren sie hin. Was für eine Enttäuschung – diese graue Stadt im Regen, dieses dunkle Meer, das sich immer bewegt, *che si muove anche di notte e non sta fermo mai*, das auch nachts niemals stillsteht. Und sie kehren zurück aufs Land zu ihren großen stillen Schränken voll alter Leintücher und Lavendelduft und leben weiter wie immer, aber mit anderen Gesichtern, denn ... *quella faccia un po' così, quell' espressione un po' così che abbiamo noi che abbiamo visto Genova* ...

Wir haben jetzt die Gesichter und den Ausdruck von Leuten, die Genua gesehen haben.

Manchmal stehe ich vorm Spiegel und suche in meinem Gesicht all die Orte, an denen ich war. Wie sähe ich wohl aus ohne sie?

Der Zug fährt die berühmte Strecke am Rhein entlang, da, wo er am romantischsten ist – von Bingen nach Bonn. Die Schlösser, die Burgen an den Hängen, die Weinberge, die Germania, die Loreley, die Pfalzburg mitten im Wasser, das Siebengebirge, die Mauer zwischen den Burgen der feindlichen Brüder Konrad und Heinrich, Burg Sterrenberg und Burg Liebenstein, dann über St. Goarshausen Burg Katz, Burg Maus, was gibt es nicht alles zu sehen, und es ist immer wieder unfassbar schön. Deutsche Romantik, hier ist sie. Ihretwegen reisen Menschen aus der ganzen Welt an und staunen. Ich bin die Strecke unzählige Male gefahren und freue mich immer wieder darüber und kann mich nie sattsehen, wechselnde Wolken, wechselnde Jahreszeiten, die Farben der Bäume, die Schiffe, die Geschichten im Kopf – es ist alles aufregend.

Ich sitze im Sechsmannabteil. Mit mir nur noch eine junge Frau. Sie haut auf ihrem Handy herum. Sie schickt und bekommt Nachrichten, im Minutentakt, dann spielt sie Doodle Jump, kling, klack, ich kenne die Geräusche. Sie blickt nicht ein einziges Mal hoch. Sie schaut nicht ein einziges Mal aus dem Fenster. Die Germania winkt zu uns herüber – mehr als dreizehn Meter hoch, sie hält links ein Schwert, rechts hebt sie weit über den Kopf die deutsche Kaiserkrone, mit Lorbeer umkränzt – sie wiegt stattliche 320 Zentner, und »im Inneren ihres Unterkörpers«, las ich in einem Prospekt, »könnten zehn Paare tanzen« – was für eine absurde Vorstellung. Da steht sie, fest und treu, die Wacht am Rhein, und die junge Dame mir gegenüber tippt SMS und spielt jetzt Letris, ein Wortfindungsspiel.

Es drängt mich, sie anzusprechen. Schauen Sie doch mal raus, möchte ich sagen, das Weltkulturerbe zieht sonnenbeschienen an uns vorbei – ich hasse mich dafür, dass ich es nicht sage. Und ich würde mich noch mehr hassen, sagte ich es, und sie würde mich verdutzt ansehen, für eine Idiotin halten und sofort wieder auf ihr Handy starren.

Jacques Lacan zitiert Therese von Avila, die sagt: »Es ist zu lehren, wie man *nicht* versteht.« Schwere Übung für mich.

RING

Claire und Josef sind noch nicht lange verheiratet, vielleicht drei oder vier Jahre. Sie sind sehr glücklich, obwohl es oft auch Streit gibt, Claire ist schusselig, verliert und vergisst viel, Josef hat ein aufbrausendes Temperament. Aber alles in allem geht es ihnen gut miteinander.

Jetzt bedrückt Claire seit Wochen etwas: Sie hat ihren Ehering verloren. Keine Ahnung, wo. Bei der Hausarbeit? Im Schwimmbad? Sie hat alles abgesucht, er ist weg, er bleibt weg, und nun ist der Tag, an dem sie es Josef endlich gestehen will und muss. Hoffentlich tobt er nicht. Es war ein einfacher, schlichter, aber doch schöner Ring.

Sie gehen am Flussufer spazieren, eingehakt. Es dauert eine Weile, dann traut sie sich. Sie beichtet, dass der Ring weg ist. Er bleibt stehen, sie erwartet ein Donnerwetter, sie verliert dauernd etwas – Geld, Schirme, Schlüssel, er wird schimpfen, mit einigem Recht.

Aber er nimmt sie in den Arm. »Ich hab doch gemerkt, dass dich was drückt«, sagt er. »Bin froh, dass es nur das ist.«

Und dann zieht er seinen Ehering vom Finger, guckt ihn an und sagt: »Was ist denn schon so ein Ring. Bloß ein Symbol. Spießig. Brauchen wir sowieso nicht.« Und er wirft ihn in hohem Bogen in den Fluss. »Jetzt haben wir beide keinen mehr«, sagt er. »Na, und?«

Eine schöne Geschichte, wenn Claire nicht am selben Abend noch in einer Tasche ihren Ring gefunden hätte. Soll sie ihn jetzt tragen? Spießig sein? Oder ihn auch kühn in den Fluss werfen?

Noch ist die Geschichte nicht entschieden.

RISSE

Niemand war bei den Kindern so beliebt wie Tante Herta. Sie war eine Nenntante, man traf sie über fast ein Jahrzehnt alljährlich im Urlaubsort im gemieteten Häuschen nebenan. Sie dachte sich wunderbare Spiele aus, sie erzählte die verrücktesten Geschichten, sie war immer fröhlich, freundlich, liebevoll und zu tollen Unternehmungen aufgelegt. Dabei hatte sie Kummer: Eine Tochter war ihr früh gestorben, die andere ein schwerkranker Pflegefall, ihr Mann hatte über Jahre eine Geliebte, reiste er an mit ihr, musste Tante Herta das Häuschen solange räumen, und alle waren feindselig gegen ihren Mann. Kam Tante Herta nach seiner Abreise zurück, war alles wieder gut, und die Kinder juchzten. Für sie waren Besuche bei ihr das Schönste und Wichtigste an den Ferien. Den Erwachsenen stockte allerdings manchmal kurz der Atem, und das Bild von Tante Herta bekam ein paar Risse, wenn sie sagte, dass »der Jude« aber auch »so« war, dass sechs Millionen gewiss übertrieben sei, dass man ja vieles auch gar nicht gewusst habe. Die Kinder bekamen das natürlich nicht mit.

Als Tante Herta alt und dement wurde, besuchte Julia sie noch einmal – Julia hatte immer besonders innig an ihr gehangen. Unterm Arm trug sie das Buch, das sie gerade las – »Er ist wieder da«, der Debütroman von Timur Vermes mit dem stilisierten Hitlerkopf – die charakteristische Tolle, das kleine Bärtchen. Tante Herta erkannte Julia nicht, aber auf das Titelbild des Romans zeigte sie strahlend. »Er ist wieder da!«, rief sie. »Ich wusste es. Jetzt wird alles gut.«

Meine Großmutter väterlicherseits war sehr schlagfertig. Sie ist 99 Jahre alt geworden, kurz vor ihrem hundertsten Geburtstag sah sie all die Vorbereitungen, die getroffen wurden, und sagte: »Jetzt hab ich keine Lust mehr, und auf den ganzen Blödsinn, den ihr da plant, schon erst recht nicht« – legte sich ins Bett und wachte einfach nicht mehr auf.

Als sie neunzig geworden war, hatten alle sie gefragt: »Oma, was wünschst du dir denn zum Geburtstag? Gibt es irgendetwas, was dir richtig Freude machen würde?« Sie wusste, es würde wieder nur warme Wolldecken, Eierlikör und Pantoffeln geben, und sagte zu meinem Vater, dem lustigsten ihrer Söhne: »Was soll ich mir wünschen, vielleicht Rollschuhe?«

Natürlich schenkte er ihr Rollschuhe, und sie war außer sich vor Vergnügen. Als der Bürgermeister der Stadt Essen mit Fresskorb, Blumen und Fotograf kam, ließ sie sich stolz mit den Rollschuhen auf dem Schoß ablichten und bestand darauf, dass in der Zeitung erwähnt wurde: »Am meisten freute sich die Jubilarin über ihre neuen Hudora-Rollschuhe.« In der Schule wurde ich gefragt: »Ist das wahr? Deine Oma fährt Rollschuh?«

»Na klar«, sagte ich.

So fängt ja Geschichtenerzählen oft an.

ROSEN I

Wie betrunken der junge Mann an seiner Freundin herumknabbert, wie betrunken auch sie, wir sitzen am Kneipentisch, das Bier vor uns, sie stehen an der Theke, schaukeln, bieten uns allen ein Schauspiel ihrer Liebe. Er trägt ein keckes Hütchen. Ich kenne ihn, seit er klein war. Ich hänge ein wenig an ihm, er ist ein bisschen auch mein Kind. Ich sehe ihn aber scheitern, planlos, ziellos, und so planlos kauft er jetzt dem pakistanischen Rosenverkäufer, der sich in das Lokal verirrt, den ganzen Strauß ab, mit einem großen, mit einem großkotzigen Schein. Er schenkt ihn ihr. Sie legt den Kopf in den Nacken und lacht, beißt eine Blüte ab, isst sie. Er ist entzückt, reißt noch zwei, drei Köpfe ab, steckt sie ihr in den Mund, sie küssen sich, die Blütenblätter fallen aus ihrem Mund, sie lachen, sie sind hinreißend, ich schaue in mein Bier und weiß, wie alt ich schon bin.

Dann kommt er an unsern Tisch, mit dem schon leicht ramponierten Strauß. Er hat ihn ihr abgenommen, gibt ihn mir und lallt: »Wir fliegen morgen früh für zwei Monate auf die Philippinen. Wir können den nicht mitnehmen. Nimm du ihn.«

Sie torkeln hinaus in die kalte Nacht, zu dünn angezogen, zu verliebt, um es zu merken, ich sitze da mit den abgegrasten, immer noch schönen Rosen und bin jung und wieder im Spiel.

Zwei Tage später tobt ein Orkan über die Philippinen, und ich sitze da und schaue die Rosen an und ertappe mich beim Beten. Gott, schütze dieses dumme, verliebte Kind.

Ich rufe seine Mutter an. Ja, er hat sich gemeldet, es geht ihm gut. Von den Rosen sage ich nichts. Das müssen Mütter nicht wissen. Das ist meine eigene Liebesgeschichte.

Als meine Mutter die Schlösser auswechseln ließ, alle Hemden, Hosen, Schuhe, alle Unterwäsche und sonstigen Dinge meines Vaters aus dem zweiten Stock auf die Straße warf und den Ehering in die Toilette, da ging er für immer, und sie sprach nie mehr ein Wort mit ihm. Ich war dreizehn und traf ihn immer wieder mit wechselnden Frauen, und immer wieder fragte er: »Was macht deine Mutter?«, mit dem Zusatz: »Sag ihr ja nicht, dass ich nach ihr gefragt habe.« Sie erwähnte ihn nie, fragte nie nach ihm.

Als er starb, war ich sechsundzwanzig und stand an seinem Grab, seine letzte Ehefrau und einige Geliebte waren auch da, und dann wurde ein Rosenstrauß mit einhundert roten Rosen angeliefert durch einen Boten. Keine Schleife, kein letzter Gruß, kein Absender, nichts. Alle andern Blumen sahen daneben schäbig aus, dünn, blutarm, blass, weiß. Diese Rosen leuchteten wie mein ewig in Amouren verstrickter Vater in seinen besten Jahren.

Meine Mutter fragte auch an diesem Tag nicht. Abends aßen wir zusammen, sie war stiller als sonst. Ich erzählte nichts, und plötzlich sagte sie: »Gab es Blumen?«

»Natürlich«, sagte ich. »Auf Beerdigungen gibt es immer Blumen.«

Und ich erzählte von den hundert roten Rosen, und während ich erzählte, sah sie mich an, unterdrückte die Tränen, stand auf und ging aus dem Zimmer.

Als ich Karl L. zum ersten Mal im Radio hörte, war ich tief gerührt.

Mit leiser, heiserer Stimme redete er über die Stillen unter den Musikern – über Tim Hardin zum Beispiel, der mit 39 Jahren starb und unfassbar schöne Lieder geschrieben hatte, die ich in dieser Sendung zum ersten Mal hörte, und Karl L. sagte: »Gott hat Tim Hardin geholfen, diese Lieder zu singen, die alle wie eine offene Wunde klingen und wie tausend Nächte, in denen du vor Angst und Verzweiflung die Tapete auffressen könntest.«

Er spielte Songs von Jackson Browne und sagte: »Wer diese Musik nicht mag, mit dem möchte ich nicht befreundet sein.«

Ich wollte unbedingt mit einem Mann befreundet sein, der solche Radiosendungen zaubern konnte, ich schrieb ihm, wir trafen uns, und ich lernte einen schmalen, blassen, sanften, sehr jungen Mann kennen, in den ich mich verliebt hätte, wäre ich jünger gewesen, und der auf Fragen nach seinen Plänen antwortete: »In etwa fünf Wochen wird der Birnbaum draußen vor meinem Fenster anfangen zu blühen. Darauf warte ich. Das ist ein Plan. Ich warte auf das Blühen von meinem Birnbaum.«

Einmal hat mich Karl angerufen und gesagt: »Du musst heute Abend meine Sendung über Billie Holiday hören, ich bin gerade fertig geworden. Eine Sendung bei offenem Sargdeckel.«

Es war wirklich so. Als der Sarg nach 55 Minuten sanft wieder geschlossen wurde, hatte ich eine Gänsehaut und verstand alles, was mit Billie Holiday und ihrem Gesang zu tun hat.

Solche Sendungen gibt es heute nicht mehr.

Auf dem Schwarzmarkt hatte ich noch eine Karte für das Konzert in der Mailänder Scala ergattert, ein überteuerter Stehplatz im 5. Rang. Es war ausverkauft, weil Lang Lang Rachmaninows 2. Klavierkonzert spielte, und alle wollten Lang Lang hören, der damals noch ziemlich neu als Wunderkind auf der Szene erschienen war. Ich aber wollte endlich Strawinskys »Sacre du Printemps« erleben, dirigiert von Riccardo Chailly, und da stand ich nun hoch oben im 5. Rang, amüsierte mich über Lang Langs hochfliegende und herabsausende Arme, gerade Anfang zwanzig war er und spielte beeindruckend. Aber ich wartete auf Strawinsky. Ich kannte das Stück von CDs und hatte fast Angst, es hier zu hören, es hat eine starke Sogwirkung, es ist gewaltig, fast schon gewalttätig, ein Berserkerstück. Die Musik ist emphatisch, orgiastisch, revolutionär, noch heute, und damals, vorm Krieg, fiel diese Uraufführung im Mai 1913 in Paris gnadenlos durch, wurde empört und schockiert abgelehnt, war einer der größten Musikskandale überhaupt. Es gab Geschrei, Ohrfeigen, eine Schlägerei im Publikum mit 27 Verletzten. Coco Chanel saß in dieser Uraufführung, verliebte sich in die Musik und später auch in den Komponisten und sorgte mit viel Geld dafür, dass das Stück 1921 ein zweites Mal in Paris aufgeführt wurde – jetzt wurde es ein Welterfolg, der musikalische Donnerschlag, der das zwanzigste Jahrhundert musikalisch endgültig einleitete.

Diesen Donnerschlag erfuhr ich da oben im 5. Rang mit jeder Faser meines Körpers. Die Musik ist von fast unerträglicher Kraft, archaisch, wild, aggressiv, rasant, wenn man sich diesem

Werk stellt, ist man verloren. Es dauerte nur wenig mehr als eine halbe Stunde, und im ohrenbetäubenden Beifall erwachte ich, Hand in Hand mit einer mir völlig unbekannten Japanerin, schluchzend wir beide, uns festhaltend, um nicht vom 5. Rang herunterzufallen in diese Wucht. Wir sahen uns an, schämten uns und verließen beide rasch den Rang. Aber vergessen werden wir uns nie, das weiß ich.

SCHMINKEN

Ingrid ist über fünfzig und immer noch sehr schön. Aber man ahnt, dass es sie eine Menge Zeit kostet, diese Schönheit jeden Morgen herzustellen: Da ist viel Make-up, die Haare sind kunstvoll getürmt, die Wimpern getuscht, alles ist immer perfekt an Ingrid, niemand hat sie je anders gesehen.

Niemand soll sie je anders sehen. Und so ruft sie eines Tages am Montagmorgen gegen neun bei ihrem Nachbarn Harry an.

Harry, sagt sie, kannst du mal eben bitte meine Mülltonne aus dem Hof holen und an die Straße stellen, ich hab das gestern Abend vergessen, und heute wird doch geleert.

Klar, sagt Harry, mach ich sofort, aber warum kannst du es nicht selber tun, bist du krank?

Nein, sagt Ingrid, ich bin noch nicht geschminkt. Es könnte mich jemand sehen.

Nun ahnen wir nicht nur, nun wissen wir, wie viel Zeit sie jeden Morgen braucht, um die Ingrid zu sein, die wir kennen. Aber selbst die Mülltonne darf das nicht wissen.

Es beeinträchtigte Liebe und Nachtruhe schon sehr, dass er so furchtbar schnarchte. Zu Hause konnte man in ein zweites Schlafzimmer ausweichen, auf Reisen ging das nicht. Zu Hause schlief auch der Hund unten in seinem Körbchen und durfte nicht nach oben ins Schlafzimmer – auch das ließ sich auf Reisen nicht machen: In Hotels stand das Körbchen direkt neben dem Bett.

Eines Nachts lag sie wieder im unruhigen Halbschlaf, hörte das gleichmäßige Sägen und wollte gerade den üblichen kleinen Knuffer zur Seite machen, da sagte er, den sie schlafend glaubte, ganz leise: »Ich bin's nicht.«

Und im Körbchen sägte es sehr friedlich weiter. Was bei ihm Qual war, klang hier wie schönste Musik, dem das stolze Elternpaar beglückt lauschte.

SCHNEE

Ich war Studentin und kam aus der Oper, spätnachts, es hatte frisch geschneit. Ich musste unglaublich dringend auf die Toilette und nestelte an meinem Schlüssel herum, aber ich bekam die von Frau Geheimrat Küpper mehrmals fest verschlossene Haustür einfach nicht auf.

Ehe es zu spät gewesen wäre und auch, weil ich gar keine andere Möglichkeit mehr hatte, pinkelte ich in den Schnee direkt auf dem Weg. Was für eine Erleichterung.

Was für eine Schweinerei. Man sah es, schön gelb, und der Himmel war jetzt klar, es würde nicht weiterschneien. So konnte das nicht liegenbleiben. An der Haustür lehnte schon die Schneeschaufel, ich schaufelte mein Bächlein zur Seite. Aber wie sah das denn nun aus, ein Stück geschaufelt, der Rest frisch verschneit? Der Weg von der Haustür zum Gartentor war lang, und fluchend stand ich da in meinen Opernschühchen und räumte den ganzen verdammten Weg frei, nachts um eins. Als ich fast fertig war, kam der Sohn des Hauses vorgefahren, ein junger Referendar, eigentlich ein arroganter Schnösel, der mich kleine Studentin, an die unterm Dach ein Zimmer vermietet war, kaum je wahrnahm.

»Was machen Sie denn da?«, fragte er sinnloserweise. Ich musste auch gar nicht erst antworten. Er war tief beeindruckt. »Dass Sie hier mitten in der Nacht für uns den Schnee schippen!«

Er hat es seiner Mutter erzählt, beide waren gerührt, mir wurde etwas von der Miete erlassen, und ab und zu lag jetzt Schokolade auf der Treppe zur Dachkammer.

Da hat doch Pinkeln mal was eingebracht.

Potsdam könnte schöner sein: Das Alte ist oft zu übertrieben renoviert, das Neue zu lieblos dazugebaut, ganz Schönes und ganz Hässliches unerträglich nah, kaum auszuhalten. In einer schönen Straße ein schöner Laden, im Schaufenster ein sehr schönes Kleid: Hautfarbener Seidenvoile, mit Perlen bestickt. Ich würde es sofort kaufen, aber es ist Größe 36.

Ein Paar bleibt neben mir stehen. Sie ist sehr dick, hat einen energischen Haarschnitt, trägt beige Stoffhosen und einen blauen Anorak mit Kapuze. Er ist grau, müde, abgearbeitet, schmal, Jeans, eine alte Anzugjacke. Er sagt schüchtern: »Dett Kleid is scheen.«

Sie: »Wie, dett is scheen?«

Er: »Is scheen. Nur so.«

Sie: »Sowatt trach ich nich.«

Er: »Sollze ja auch nich.«

Sie: »Watt meinze, wattatt kostet, wennet inne Reinigung muss. Tinnef.«

Sie geht weiter. Er schaut noch einmal auf das Kleid, folgt ihr dann. Wieder ein Moment möglicher Schönheit vertan.

SEHEN

Der Maler Wilhelm Leibl, fünftes von sechs Kindern eines Kölner Domkapellmeisters und gelernter Schlosser, schrieb eines Abends in sein Tagebuch:

»Jedes Jahrhundert bringt nur drei Menschen hervor, die sehen können.«

Am anderen Morgen dann hat er »drei« durchgestrichen und »zwei« darübergeschrieben.

Der Flughafenbus steht mit offener Tür und laufendem Motor, wir dichtgedrängt darin, man wartet auf Nachzügler. Das dauert. Der Bus füllt sich mit Abgasen. Meine Freundin steigt aus, weg vom Auspuff, um besser zu atmen. Der Fahrer kommt. Es entspannt sich folgender Dialog, in wachsender Gereiztheit.

»Was machen Sie da? Sie müssen im Bus bleiben.«

»Ich kann im Bus nicht atmen, da sind die Benzindämpfe.«

»Das kann ja gar nicht sein.«

»Natürlich kann das sein, die Abgase ziehen doch direkt in den Innenraum.«

»Das ist aber kein Benzin.«

»Dann ist es eben Diesel.«

»Sehnse, sehnse.«

»Es stinkt aber trotzdem. Man kann nicht atmen.«

»Die atmen doch alle.«

»Das ist doch ungesund.«

»Diesel ist aber gesünder als Benzin.«

»Es ist Abgas, da ist gar nix gesund.«

»Das ist gar nichts im Vergleich zu dem, was Sie da gleich im Flieger atmen.«

»Machen Sie doch einfach den Motor so lange aus, wie wir hier warten.«

»Dann würden Sie Ihren Flieger verpassen.«

»Warum denn das?«

»Weil das zu lange dauert, den dann wieder extra anzulassen.«

»Das ist doch totaler Quatsch. Die starten doch nicht ohne

uns. Und das Anlassen dauert doch nicht Stunden. Sie machen mich noch völlig wütend.«

»Sehnse, sehnse.«

Ich lese, meine Freundin surft. Sie war schon mit mir auf der Buchmesse, ich mit ihr auf der *Boot*, der Messe für Wassersport in Düsseldorf. Sie brauchte ein neues Brett. Der Verkäufer war ein kleines, agiles Kerlchen aus dem Ruhrgebiet, das eine Sprache sprach, die in der Literatur gemeinhin nicht vorkommt. Er sagte etwa Folgendes:

»Wenn ich datt gezz richtich tacker brauchstu en 127-Liter-Brett. Da hasse dann satt noch Volumenreserve. Datt hier issen Raceboard mit gutmütige Eigenschaften, VKP 1250. Freestyle-wave, nä, 44er Finne is dabei, kannze aber aufrüsten, ich zum Beispiel, ich fahr mit drei Finnen, eine Referenzfinne, eine drunter, eine drübber. Aber für dich reicht ne Serienfinne, sonz wird datt Brett im obern Windbereich unruhig. Watt hasse fürm Mastbaum? 4/60er? Watt, kein Karbon? Dann nimmze ne Säge un sächst dein Mast schön klein, der hat nämmich ne Biegekurve, da gibtatt ga kein Segel mehr für, Mädchen.

Watt wiechze? 60 Killo? Also Gewicht plus fuffzich macht 110, hier, Fanatic Triple X. 129 Liter. Datt is gezz kein gutes Brett, aber kumma GP, un hat chanels, gibtet auch in Karbon, geht aber der Preis hoch, is klar.

Wennze sonne Waveschnitte has, brauchze watt inne Gabel. Hier, kumma, Hightech im Surfbereich, da kannze dein Steinzeitbrett sonzwohin. Mit 90 Liter kannze hier gut bis 8 fahren. Du wiechz donnix, da wirsse im Unterwindbereich alles nageln, watt auffem Wasser is, da gehsse ein 110 Killo Kerl orntlich anne Fahne mit. Un der Mast muss Flextop und Constantcurve haben, nä, un der 4.60er muss ne 25er Härte haben, da is datt Segel für geschnitten. 44er Finne, un wenn datt Brett unruhich wird, kaufze ne 40er un fertich. Aber wie gesacht, eintlich reicht für dich ne Serienfinne. Wennze ma so richtich schrubben willz, dann kannze ja ne andere Finne nehm un dann schrubbze.«

Es wurde ein 2.60 mal 71 Brett Karbon 127 Liter mit Serienfinne, VKP 1480. VKP ist Verkaufspreis. Und Serienfinne ist jetzt mein Lieblingsschimpfwort.

Der da? Für den reicht doch 'ne Serienfinne.

Ich war drei Wochen bei den Proben und Aufführungen dabei, als die Kölner Oper in Shanghai zum ersten Mal für die Chinesen Richard Wagners »Ring« aufführte. Man hatte uns gesagt, dass die Chinesen nicht sehr aus sich herausgingen, nur zögernd klatschen würden, es sei ja auch äußerst schwierig, diesen wuchtigen Wagnertext per Schriftzeichen neben der Bühne einzublenden – ein Wagnis also.

Was wir erlebten, war unfassbar: Weinende Menschen, die von den Stühlen aufsprangen, schluchzten und lachten und ergriffen mehr als zwanzig Minuten klatschten.

Am ersten Abend musste ein Mann mit Kreislaufproblemen und Atemnot ins Krankenhaus – vor der Oper warteten, als hätte man es geahnt, Krankenwagen. Am nächsten Abend war er wieder da und bat weinend, auf einem Hocker neben der geöffneten Tür im Flur sitzen zu dürfen – er wollte alles mithören, aber nicht noch mal zu nah dran sein, er befürchtete dann einen Herzinfarkt.

SILVESTER

Johann hat eine neue Wohnung, sogar mit Kamin. Er lädt uns alle ein, bei ihm Silvester zu feiern.

Wir zögern, besprechen uns. Johann ist schwierig, er trinkt sehr schnell sehr viel, dann kippt die Stimmung. Er ist gerade geschieden, was denkt Caroline, mit der wir auch befreundet sind, wenn wir Silvester bei ihm feiern? Heikel. Wir sagen zu Johann: Ja, vielleicht später, auf ein Glas, gern, aber erst sind wir mit den Kindern zu Hause.

Ist klar, sagt er, ich bin ja da, kommt, wann ihr wollt. Ich mach den Kamin an.

Eingeladen hat er etwa dreißig Leute.

Luise und Karl denken: Ausgerechnet Johann, nie im Leben.

Sabine, Monika und Anita bleiben weg aus Solidarität mit Caroline.

Walter und Werner besaufen sich in der Kneipe schon so, dass sie nirgends mehr hingehen können.

Sibylle, Michael und Ruth nehmen sich fest vor hinzugehen, aber dann zieht sich das mit dem Fondue so, dass es einfach zu spät wird und sie zu satt sind.

Elisabeth hat Liebeskummer, nimmt eine Schlaftablette und verschläft Silvester.

Beate, Marianne, Jupp und Peter sind auf einer anderen Party, wollen da eigentlich gegen Mitternacht weg, aber dann gibt es kein Taxi. Also, dann eben nicht. Die anderen werden ja da sein.

Die anderen sind aber alle auch nicht da.

Johann sitzt ganz allein am Kamin mit sechs Kästen Bier, zehn Flaschen Champagner und einem Berg Essen. Um Mitternacht schwört er allen Freunden für immer ab. Das Jahr fängt ganz schön beschissen an.

SOPHOKLES

Sophokles hat den Ödipus geschrieben, diese schreckliche Geschichte von dem Mann, der den Vater tötete, mit der Mutter vier Kinder zeugte und sich aus Entsetzen über sich selbst die Augen ausstach.

Nie hat dem Dichter dieser fürchterliche Schluss Ruhe gelassen. Mit neunzig Jahren schrieb Sophokles ein versöhnliches Ende: »Ödipus auf Kolonos«.

Alt ist der blinde Mann, zieht mit seiner Tochter Antigone weit weg von Theben durch das Hinterland und landet in einem heiligen Hain. Und hier gibt es Versöhnung, der alte Mann wird zum Retter des Friedens in Athen, und der Chor singt: »Das hat nun sein gültiges Ende.«

Ja, gültig und gütig.

Was aber ist mit dem freien Willen des Menschen? Hatte Ödipus bei dieser Vorherbestimmung seines Schicksals durch das Orakel überhaupt eine Chance? Hinter jedem Tun steht ein Entschluss, der Alternativen ausschließt. Die Konsequenzen können wir nicht übersehen.

Sophokles sagt: Es wäre besser, nie geboren zu werden. Wer nicht geboren wird, kann keine Fehler machen. Aber der alte Ödipus widerlegt den jungen Sophokles. Fehler haben Sinn. Fehler bringen Ergebnisse. Ohne Fehler: lähmender Stillstand.

Ich neige dazu, alles zu verwahren, aber jetzt mit über siebzig fange ich an aufzuräumen, auszumisten, wegzuwerfen. Ich will denen, die ich liebe, ein derart gründlich verwahrtes Leben nicht zumuten. Briefe aus der Jugend, Tagebücher, Artikel aus einem langen Leben als Journalistin, Artikel, die über mich geschrieben wurden, ich habe alles aufbewahrt. Das meiste davon kommt nun in den großen blauen Müllsack. Ich habe immer für Susan Sontag und Yoko Ono geschwärmt, für John Lennon und Kris Kristofferson, es gibt Berge von Berichten und Fotos über sie – weg damit. Susan Sontag und John Lennon sind tot, Kris Kristofferson erinnert mich an eine Liebe, die es nicht mehr gibt, Yoko Ono ist fast auf den Tag genau zehn Jahre älter als ich und mir immer ein Vorbild. Sie altert souverän und großartig, so will ich auch altern: ohne Jammern, klar, gerade, mit Falten und Verstand. Lange sitze ich auf dem Speicher und halte eine mehr als dreißig Jahre alte Ausgabe des deutschen »Rolling Stone« in der Hand, auf dem Titel ist Yoko Onos schönes Gesicht zu sehen. Ich denke, wie gern ich für den »Rolling Stone« geschrieben hätte. Aber es kam nie eine Anfrage, und sich selbst dort, im Allerheiligsten, anzubieten, habe ich mich nie getraut.

Ich durchblättere das Heft.

Da fällt mir der noch verschlossene Brief eines Redakteurs des »Rolling Stone« entgegen. Ich habe ihn wohl damals für Werbung gehalten und gar nicht erst geöffnet. Jetzt lese ich: Man bittet mich, mich doch einmal zu melden, man wolle

gern mit mir zusammenarbeiten. Der Brief ist mehr als dreißig Jahre alt.

Ich sitze da, den Brief in der Hand, und strahle: Also doch.
Alles ist gut.

SPIELEN

Jeden Abend kommt irgendwann der Moment, wo unser Hund, scheinbar seufzend, resignierend, seine große schwarz-weiße Plüschkuh namens Elsa vor uns hinlegt, und dann müssen wir sie werfen oder verstecken, rufen: »Wo ist Elsa?«, und er bringt sie zurück, so etwa zehn-, fünfzehnmal, dann lässt er Elsa irgendwo liegen und trollt sich wieder in sein Körbchen, tief seufzend.

Lange dachten wir: Er will halt am Abend nochmal spielen.

Inzwischen beschleicht uns das Gefühl, dass wir ihm leid tun, so still und langweilig da vorm Fernseher oder mit unsern Büchern, und er opfert sich in Gottes Namen und bringt uns fünfzehnmal Elsa, damit wir es auch ein bisschen schön haben.

STALL

Sie gehören zur besten Zürcher Gesellschaft, reiche, kulti-
vierte Intellektuelle. Ein Haus an der Goldküste des Sees –
ein Haus? Eine Villa! Feste Plätze in der Kronenhalle. Im Urlaub ist man – wenn nicht in Rio, New York oder auf Santo-
rin – gern und oft im Engadin. Man liebt das Engadin! Man
hätte dort so gern etwas Eigenes, aber es gibt ja nichts mehr.
Und dann, eines Tages, sagt sie verschwörerisch zwischen zwei
Häppchen Lachsmousse:

»Du, es könnte klappen. Wir haben etwas gefunden, im Engadin, einen Stall. Es ist ein einfacher Stall, auch sehr teuer,
aber wenn man den ausbaut ...«

Zurück zu Jesus? Ich glaube, der Stall von Jesus war irgendwie anders.

Vor vielen Jahren, als man anfing, über Demenz zu berichten, habe ich im Fernsehen einen Film über eine junge Frau gesehen, die in einem Heim zuständig war für die Betreuung von elf dementen, alten Menschen. Sie hieß Steffi. Was für ein liebevolles, fröhliches Mädchen, und was hatte sie für herrliche, einfache Ideen und Methoden! Es gab immer dieselben Probleme – lautes Schimpfen und Weinen über verlorene Portemonnaies, Handtaschen, Schlüssel. Steffi stellt eine große Kiste mit Handtaschen, Portemonnaies und Schlüsseln hin und sagt: Aber da sind doch Ihre Schlüssel, Herr Kemper! Gucken Sie mal hier, Ihre Handtasche, Frau Muck! Und sofort strahlende Gesichter und Ruhe.

Ein Mann hat Angst, in sein Zimmer zu gehen – da sei jemand. Steffi fängt jetzt keine endlose, kräftezehrende Überzeugungsarbeit an, dass da niemand sei – nein, sie geht in das Zimmer, schreit einmal laut, kommt zurück und sagt liebevoll zu dem alten Mann: So, dem hab ich's aber gegeben, der ist weg, der kommt nicht mehr. Und der Alte geht glücklich und sicher in sein Zimmer.

Aber Steffis genialste Idee: Weil die Alten ohne Gedächtnis und Erinnerung so oft weglaufen und dann stundenlang an einer Bushaltestelle sitzen, hat Steffi im Garten des Heims mit einfachsten Mitteln ein Wartehäuschen nachgebaut, ein Busschild und eine Bank hingestellt, und da holt sie dann ihre Kandidaten ab und sagt: Heute kommt kein Schulbus mehr, Frau Breuer.

Was für ein kluges Mädchen. Der Film hat mich tage-,

wochenlang – wie ich jetzt gerade merke: jahrzehntelang – beschäftigt.

Wir haben einen peniblen Steuerprüfer im Haus. Den Hund müssen wir wegsperren: »Ich bin Bluter«, sagt er. Unser Gewissen in Sachen Steuern ist eigentlich rein, wir sind keine Betrüger, aber wir sind schlampig: Er bemängelt, dass er gewisse Restaurant-, Reise- und Taxiquittungen nicht zuordnen kann. Wir versichern, das bis morgen zu recherchieren.

Die ganze Nacht präparieren wir nachträglich den alten Kalender: Essen mit Verleger am 6. Juni, Taxi ins Theater am 15. Februar, und weil das alles so langweilig ist, schreiben wir am 12. März: Großvater verhauen. Am 23. August: Oma stockbetrunken aus der Disco heimgekehrt. Am 16. November: Vater endlich im Gefängnis. 10. Dezember: Hund am Tierheim angebunden, schöneren Hund gekauft.

Der Steuerprüfer nimmt den Kalender, vergleicht Quittungen und Daten, arbeitet schnell, sieht uns furchtsam an, nimmt nichts von uns, nicht mal ein Glas Wasser. Die Prüfung ist rasch vorbei. Wir bekommen 12,78 DM zurück. Wir hatten danach nie wieder eine Steuerprüfung.

STUDENT

Mein Freund Hans kommt wie ich aus ganz einfachen, man sagt: kleinen Verhältnissen. Ein Arbeiterkind. Er hat sehr darunter gelitten, im Gegensatz zu mir. Ich habe das nie als Schande empfunden, höchstens als Mangel an Möglichkeiten – man musste sich mehr anstrengen, um an die Bücher und die Bildung ranzukommen. Hans aber, erzählt er, hat sich so geschämt, dass er während seiner Lehre als Schaufensterdekorateur immer eine Baskenmütze trug, Gauloises rauchte und sich eine randlose Brille aus Fensterglas machen ließ. Dann war er glücklich, wenn abends in der Kneipe jemand fragte: »Ey, biste Student?« Und er konnte hochmütig antworten: »Wie kommste denn da drauf?«

STUDENTENMENÜ

München 1968, Studentenmenü 5,80 DM: Tagessuppe, Leberkäse mit Ei, Bratkartoffeln, kleiner Salat. Die Suppe ist dünn,
die Bratkartoffeln sind matschig, der Leberkäse ist verbrannt
und biegt sich an den Rändern hoch, das Spiegelei ist glibbe-
rig, der Salat welk, lappig und mit einer Joghurtsauce gnadenlos zerstört. Die Kellnerin räumt meinen Teller, von dem ich
fast nichts gegessen habe, schwungvoll ab und fragt routiniert:
»Hat's geschmeckt?«

Sie erwartet keine Antwort. Als ich aber mutig »Nein!« sage,
stutzt sie, sieht mich an und sagt scharf: »Wie soll's denn auch,
für fünf Mark achtzig!«

STUR

Die beiden Freunde sind hoffnungslos zerstritten. Und es geht nicht nur um Freundschaft, es geht um die Existenz, denn sie sind beide Mitglieder einer erfolgreichen Band, seit Jahrzehnten. Nun hat der eine sich in eine andere Richtung entwickelt als der andere. Einer will ändern, einer will es so lassen, wie es doch immer gut war. Gut? Was war denn da gut?

Der Ton wird schärfer, das Auseinanderbrechen droht. Sie bitten ausgerechnet mich um Vermittlung, den undiplomatischsten Menschen der Welt. Sie tun das, weil ich mit beiden befreundet bin, die Band kenne, liebe, will, dass alles so schön bleibt und sich doch ändert …

Wir treffen uns in einem Café. Tom sitzt links, Harry rechts von mir. Harry schweigt.

Tom redet wie ein Wasserfall. So könne es nicht ewig weitergehen, man müsse sich verändern, *er* habe sich verändert, man könne doch mal eine andere Richtung, und überhaupt …!

Harry sagt: Sag ihm, er spinnt, und wir haben keine Lust, sein Ego zu bedienen.

Ich sag ihm das. Sag ihm, schnaubt Tom, er kann mich mal. Harry sagt, er will ihn auch mal, und ich solle ihm das sagen.

Ich versuche ein Plädoyer. Ich versuche, zu vermitteln. Ich sage: Harry, es ist alles immer gut gelaufen, aber kann man denn nicht mal …? Und Harry schreit: Wegen dem? Nein!

Ich sage: Tom, ich verstehe dich ja, aber du müsstest auch vielleicht Rücksicht auf die Band …? Tom schreit: Einen Scheiß müsste ich.

Die Vermittlung scheitert. Tom zahlt und sagt: Ich zahle, in Gottes Namen. Sag ihm das.

Harry sagt: Ich bin ja nicht taub.

Das kleine Restaurant bietet jetzt im ersten Stock ein schönes Zimmer mit offenem Kamin an für Hochzeiten, Weihnachtsfeiern, Firmenfeste. Etwa vierzig Leute haben Platz. Etwa dreißig haben sich angekündigt: Ein Praxisjubiläum ist zu feiern. Robert nimmt die Bestellung entgegen und bekommt ein Fax.

Man komme mit 28 Personen. Folgende Unverträglichkeiten seien bitte zu notieren:

Frau Lesser und Frl. Kemper Laktoseintoleranz, Gluten-Unverträglichkeit.

Herr Kranz kann nur Hühnchen essen, sonst kein Fleisch.

Für Herrn Dr. Bucher bitte nichts mit Soja.

Frau Meinhard isst streng vegetarisch, Frau Rütter isst nur Lollo Rosso oder Endiviensalat, bitte keinen Radicchio, keinen Feldsalat, und nur mit Olivenöl, aber statt Essig bitte Traubensaft.

Für Herrn Dr. Oberer bitte alles ohne Salz und ohne Gewürze, Kürbis oder anderes Gemüse bitte nur in Wasser gegart. Zum Dessert bitte Weintrauben, Nüsse, aber keine Mangos.

Frau Brett kann kein Fleisch essen, aber Fisch. Bitte keine Kichererbsen und bitte auf keinen Fall Himbeeren.

Robert fragt die Küche: Was macht ihr damit?

Antwort aus der Küche: Suizid.

Einträge aus alten Tagebüchern:

6.9.1979: Tief! Alles ändern!

10.1.1996: Manchmal wünschte ich, ich könnte mein Herz einschläfern, wie man einen alten Hund einschläfert.

30.4.1997: Auto kaputt und ich bin auch krank.

8.1.1998: Ich dachte, das Schlimmste wäre vorbei. Aber ich ahne: Das Schlimmste kommt noch. So viel Stunden müssen noch gelebt werden.

28.5.1998: R. und ich wollen uns treffen. Nein doch nicht. Oder doch.

27.7.1999: Der beste Weg, um glücklich zu sein, ist, glücklich zu sein.

21.5.2000: Wir sind alle zu klein

7.2.2001: Nie nie nie wieder ein Fernsehteam ins Haus lassen!

7.10.2010: H. behauptet, glücklich zu sein. Ist er nicht. Ich sage, dass ich glücklich bin. Bin ich nicht

2.11.2011: Chinesisches Sprichwort: »Vergiss dein Anfangsherz nicht!« Wie war meines?

1.11.2012: Jetzt nichts falsch machen! Ich gehe auf Glas!

Eine Art Betriebsausflug, die Führungsetage der Firma trifft die Führungsetage einer anderen Firma in einem sehr schönen Golfhotel auf Sylt. Ein paar niedere Angestellte dürfen auch mitreisen, man braucht Sekretärinnen, Protokollanten, es finden abends nach opulentem Menü Gespräche im Konferenzzimmer statt.

Man spielt bei strahlender Sonne Golf. Der Zufall führt Herrn Merschmeier aus der Buchhaltung mit Herrn Dr. Leitenwanger, Chef der Firma, in eine Gruppe. Merschmeier spielt nicht sehr gut. Dr. Leitenwanger wird ein wenig ungeduldig.

»Merschmeier«, sagt er, »gucken Sie mal, den Abschlag, den müssen Sie so machen. Diese Drehung, sehen Sie.«

Und er schlägt fabelhaft ab. Merschmeier schwitzt.

Er schlägt erneut. Es geht daneben.

»Merschmeier«, sagt Dr. Leitenwanger, »ich würde jetzt gern sagen, Sie Depp, aber das geht ja nun nicht, also sage ich kollegial du Depp, weil das freundlicher klingt, und du kannst mich auch duzen, wenn dir was nicht passt. Ich biete dir sozusagen das Tages-Du an. Heute Abend bei der Konferenz gilt das natürlich nicht mehr. Alles klar?«

»Alles klar«, sagt Merschmeier und denkt: Sie Depp.

TANTE

Die so sehr geliebte Tante war gestorben, ein plötzlicher Unfalltod, und die Nichte weinte, schier untröstlich. »Wenn du oben angekommen bist, Tante, gib mir ein Zeichen!«, sagte sie gleich nach der Beerdigung, und in diesem Augenblick ging ein heftiger, kurzer Sommerplatzregen nieder. Die Nichte fuhr heim in ihr dichtbesiedeltes Wohnviertel, wo es um diese Tageszeit nie Parkplätze gibt. »Tante«, sagte sie, »wenn du mich siehst, bitte hilf mir und schick einen Parkplatz.« Direkt vor ihr fuhr ein Wagen aus einer Lücke, sie hatte einen Parkplatz, lachte unter Tränen und sagte: »Tantchen, hab Dank, bitte bleib immer um mich, dass ich dich spüre.«

Sie hat es nie übertrieben, aber wenn mal Not war – ein wichtiger Termin, der durch Zugverspätung fast nicht erreicht wurde, ein dringend gesuchter Parkplatz, ein verlorenes Portemonnaie – ein Stoßseufzer zur Tante genügte immer, und die Dinge fügten sich.

Noch heute, fünf Jahre nach ihrem Tod, ist das so. Die Nichte sagt: »Ich nutze es nie aus, aber ich weiß, mir kann gar nichts mehr passieren. Sie sieht mich immer und hilft.«

Tante unser, die du bist im Himmel.

TELEFON

Heute Nacht habe ich eine Nummer geträumt, und beim Aufwachen wusste ich sie noch ganz klar und deutlich: 27 13 08.

Das war vor mehr als dreißig Jahren die Telefonnummer meiner Mutter, die jetzt bald zwanzig Jahre tot ist. Und auf einmal hatte ich eine solche Sehnsucht, diese Nummer anzurufen und ihr all das zu sagen, was ich, als sie noch lebte, nie hatte sagen können. Und ihr auch zu sagen: Du hattest recht, das Altwerden ist schwer. Ich verstehe das jetzt alles besser, und meine Strafe dafür, dir damals nicht zugehört zu haben, ist meine eigene Traurigkeit.

Ich sitze vor dem Telefon, wähle deine Nummer mit der richtigen Vorwahl. Die Automatenstimme sagt: »Die gewählte Rufnummer ist ungültig.«

Ist sie nicht.

Mutter zieht um. Wir wollen den großen, runden Esstisch heruntertragen, die Platte ist mit unzähligen Wasser- und sonstigen Flecken übersät, die man normalerweise nie sieht, denn da liegt immer die Tischdecke darüber.

»Oh«, sagt Mutter, »könntet ihr mir diese Platte nicht mal schön neu streichen?«

»Ja«, sagen wir, »machen wir gerne, aber nach dem Umzug, denn bis dahin kriegt sie bestimmt noch ein paar Kratzer ab.«

»Nachher ist es nicht mehr nötig«, sagt Mutter. »Dann liegt ja wieder die Decke drauf. Es wär nur für jetzt beim Runtertragen, dass die Nachbarn nicht denken: Was hat die denn für einen versifften Tisch?«

Dieses Glück der Touristen, wenn sie endlich begriffen haben: Der Ober heißt in Köln nicht »Herr Ober«, er heißt »Köbes«, worunter sich die Touristen aber nichts vorstellen können. Froh rufen sie: »Herr Kürbis, bitte ein Pils!« Denn dass man hier besser kein Pils bestellt, ach, das wissen sie auch noch nicht, gerade angekommen, gerade erst hingesetzt im lärmenden Brauhaus »Früh«, direkt hinter Bahnhof und Dom …

Der Köbes blickt verachtungsvoll auf sie herab. Sie werden kleinlaut, mahnen aber kühn ihr Pils noch einmal an. Sie kommen aus Hannover, wo der Gast noch König ist. Sie wissen nicht, dass in Kölner Brauhäusern der Köbes König ist, Gäste werden nur so gerade eben geduldet. Schließlich kommt er, stellt knallend ein halbvolles Kölschglas vor sie hin, haut den Bierdeckel obendrauf, schüttelt einmal, dass es nur so überschäumt, und sagt: »Dä! Do häste ding Pils!«

TRAUM

Ich weiß, dass ich meinen Freunden zuliebe diesen runden Geburtstag feiern sollte. Ich weiß es. Ich bin aber nicht in der Lage, sie alle zu sehen. Nicht in der Lage, ihnen zu sagen, dass ich Angst vorm Altwerden habe. Nicht in der Lage bin zu feiern. Aber sie möchten mich so gern hochleben lassen. Was tun?

Ich lade sie alle ein. Ich schmücke mein Haus. Ich stelle Torten auf den Tisch und lege Champagner in den Kühlschrank, ich fülle alle Vasen mit Blumen, lege schöne Musik auf, öffne weit die Haustür, schreibe einen Brief mit goldenen Buchstaben: Seid willkommen! Esst und trinkt und denkt an mich!

Und das tun sie. Und ich liege im Hotelbett, ganz still, und darf einfach diesen Geburtstag verschlafen.

TREFFEN

Er ist Schauspieler. Ich kenne ihn seit dreißig Jahren, besser gesagt: Ich habe ihn irgendwo vor dreißig Jahren kennengelernt, einen Abend lang mit ihm geredet, ihn danach einmal flüchtig auf einem Fest getroffen, da haben wir getanzt. Aber er mailt mir regelmäßig. Er wohnt im Ausland, hält mich per Mail über seine Aktivitäten auf dem Laufenden, wünscht mir frohe Weihnachten, schöne Ostern, nötigt mich zu Dankesantworten, vergisst seltsamerweise nie, mir zu meinen Geburtstagen zu gratulieren. Ich komme aus der lose geknüpften Schleife dieser Bekanntschaft nicht heraus, er ist mir nicht sympathisch, nicht unsympathisch, ich bin ganz indifferent, kenne ihn ja kaum, suche die Verbindung zu ihm nie von mir aus, und nun kann ich überprüfen, was er mir ist: Er kommt nach Deutschland, kündigt sich an, will mich treffen.

Wir treffen uns in einem Café. Er ist groß und elegant, aber schlecht gealtert. In manchen Gesichtern hinterlässt das Alter Güte, Weisheit, Melancholie oder Sanftmut. Bei ihm sehe ich Verwüstung, Zorn, Gefahr. Ich mag ihn nicht, sofort. Er redet, ich mag ihn immer weniger. Er ist höflich, er ist klug, er ist interessant, aber er hat etwas, das mir die Luft abschnürt. Es gibt Menschen, mit denen kann man nicht atmen im selben Raum. Ich gehe bald, rasch, unhöflich.

Er hat nie wieder gemailt, er hat es gespürt. Dafür bin ich ihm dankbar.

Unsere alte Katze hieß nach einer Figur aus dem Stück von Horváth Frl. Pepi, irgendwann wurde sie dann nur noch Bebi genannt.

Es ist Heiligabend, am Vormittag in der Lebensmittelabteilung des Kaufhof, letzte Einkäufe, brechend voll alle Theken und Kassen, blankliegende Nerven, Stimmengesumm. Meine Freundin stellt sich an der Fleischtheke an, ich zwanzig Meter weiter beim Käse. Ich rufe zu ihr hinüber: »Denk an was zu fressen für Bebi.«

Sie ruft zurück: »Das Bebi ist viel zu fett. Das kriegt höchstens ein bisschen Trockenfutter.«

Und plötzlich in der ganzen Lebensmittelabteilung Totenstille, aber kein feierlicher Weihnachtsfrieden, sondern das schiere Entsetzen, und wir mittendrin.

TUNNEL

Auf einer Landstraße in Italien ist mitten im Tunnel plötzlich ein Stau. Nichts geht mehr. Ein Lastwagen ist oben angestoßen, sitzt fest, kann nicht vor und nicht zurück, schnell ist die Straße dicht, wir stehen alle und fluchen. Der Tunnel ist nicht sehr lang, man sieht auch schon Licht am Ende, aber man kommt nicht weiter, auch die Gegenfahrbahn ist blockiert, denn der zu hohe Laster war vorsichtshalber ganz in der Mitte gefahren.

Während sich nach den ersten Fluch- und Schimpftiraden italienische gute Laune breitmacht, jemand einen Wein öffnet, einen Käse für alle anschneidet, Brot gebrochen wird, wir alle zusammen essen und trinken und schwatzen, lassen andere Fahrer aus den Reifen des zu hoch beladenen Lasters so lange die Luft, bis er ganz vorsichtig fast auf den Felgen weiter- und aus dem Tunnel fahren kann. Großes Gejohle, alles wird wieder eingepackt, alle fahren weiter. Zwanzig Minuten hat es gedauert, und was für ein lustiges Intermezzo.

VATER

Dein Vater, sagte meine Mutter, war und ist ein Luftikus.

Mein Vater sah Frauen nach, flirtete viel, hatte immer einen Piccolo irgendwo in der Tasche, faltete in Lokalen aus Servietten seltsame Kunstwerke und beeindruckte damit die Kellnerinnen. Ich wusste nie, ob ich stolz auf ihn sein oder mich für ihn schämen sollte.

Er lebte nicht mehr bei uns, aber wir trafen uns einmal im Monat. Dann kaufte er für mich ein: schöne Kleider, einen Kamelhaarmantel, einen Schal. Ich musste den Kamelhaarmantel anziehen, der viel zu damenhaft für mich war – ich war gerade sechzehn –, und dann hakte er mich unter, und wir gingen in eine Kneipe, wo Bekannte von ihm saßen und tranken.

»Meine neue Freundin«, stellte er mich vor und zwinkerte mir zu.

Das Anrüchige dieser Art Vorführung habe ich damals gar nicht begriffen. Aber der Schmerz, dass er nicht stolz sagte: »Meine Tochter«, der war groß.

VERSICHERUNG

Als ich Studentin in München war, fuhren wir alle schwarz mit Bahn und Bussen, nicht aus Trotz: Wir waren zu arm.

Aber wenn man erwischt wurde, konnte es erst recht teuer werden. Also gründeten wir Theaterwissenschaftler still und heimlich eine Schwarzfahrerversicherung: Jeder von uns zahlte monatlich zehn Mark ein, und davon wurde der Strafzettel bezahlt, wenn man erwischt wurde.

Eine fabelhafte, über Jahre gut funktionierende Methode. Man hatte keine Angst, erwischt zu werden, reagierte souverän, die private Versicherung zahlte. Was am Jahresende übrig blieb, wurde in der Kaulbachklause versoffen.

VERSTAND

Die große Künstlerin Louise Bourgeois sagte mit 96 Jahren folgenden Satz:

»Ich bin eine Frau von Emotionen, die sich danach sehnt, eine Frau von Verstand zu sein.«

Wie viel Verstand hat eine, die so etwas sagen kann!

VOGEL

Ich liege im Bett, es ist früh, ich lausche einem Vogel, der singt.

Ich nehme an, dass mein Freund neben mir noch schläft, aber plötzlich murmelt er leise: »Er singt falsch.«

»Wie bitte?«, frage ich.

»Er singt falsch«, sagt er. »Er hätte singen müssen as-f-c, triolisch, aber er singt irgendwas Undefinierbares, und sein f ist verstimmt, das ist irgendetwas zwischen e und f.«

Mein Freund ist Musiker, aber das ist mir zu viel.

»Bist du verrückt«, sage ich. »Das ist ein Vogel, der da sein Morgenlied singt. Das ist ein Vogel. Das ist Natur. Schon mal gehört, Natur?«

»Seine Töne«, sagt er, »kommen in der Naturtonreihe aber nicht vor.«

Ich sage: »Der Vogel *ist* doch Natur. Er singt. Er kann das von Gott. Er hat nicht in Donaueschingen oder an der Musikhochschule in Hamburg gelernt.«

»Nein«, sagt mein Freund, »aber trotzdem hat er das Stück, das er da singt, aus Wagners Walkürenritt geklaut, und er singt es falsch.«

»Kann das nicht sein«, frage ich, »dass Wagner es bei einem Vogel geklaut hat? Wagner hat ja auch ein Waldvögelein singen lassen, du weißt schon, Siegfried. Das Vöglein sagt ihm doch, wo es langgeht.«

»Ja«, sagt mein Freund, »das Vöglein wollte klüger sein als der Mensch. Und dein Vogel hier im Garten will klüger sein als alle Musikwissenschaftler. Er denkt, das geht so. Aber er singt falsch. Er trifft nie den mittleren Ton.«

Und dann dreht er sich weg und schläft noch mal ein. Und ich liege da, höre dem Vogel zu und denke: Hände weg von den Musikern.

Sie hatte sich leidenschaftlich verliebt in einen Mann, der, wie auch sie, gebunden war. Er war sehr berühmt, jeder kannte ihn. Sie hielten alles vorsichtig geheim, schrieben sich unter einer Deckadresse flammende Briefe, legten ihre Termine so, dass sie sich treffen konnten. Einmal in Zürich, aufgewühlt fuhr sie zurück nach Hause, saß im Speisewagen mit einem lustigen jungen Mann am Tisch, sie tranken Bier, fast vergaß sie auszusteigen. Als sie auf dem Bahnsteig stand und der Zug anfuhr, wusste sie: Auf dem Tisch lag ihre Brieftasche – mit allen Papieren, mit zweihundert oder dreihundert Mark und mit all seinen Briefen, allen. Mit vollem Namen. Mit ihrer Liebe.

Sie musste ihrem Mann alles erzählen. Sie musste alle Papiere, Scheckkarten, Versicherungskarten neu beantragen, sie kaufte jeden Tag einschlägige Klatschzeitungen und erwartete, die Briefe dort zu lesen. Ihrem Geliebten davon zu erzählen wagte sie nicht, und es zerstörte nicht nur ihre Ehe, sondern auch ihre Liebe – sie konnte ihn nicht mehr treffen, ihm nicht mehr schreiben.

Wochen später kam ein Päckchen ohne Absender. Ihre Brieftasche, mit allen Papieren, mit all seinen Briefen, ohne das Geld. Stattdessen ein getippter Zettel:

»Ich habe die Briefe mit Interesse gelesen. Ich habe nichts damit angestellt, aber dafür habe ich das Geld behalten.

Alles Gute, und Sie müssen vorsichtiger sein.«

Auf der Buchmesse nimmt mich die bezaubernde, temperamentvolle 1 Meter 40 kleine Ruth Westheimer, jüdische Soziologin und berühmte amerikanische Sexualtherapeutin, deren Eltern in Auschwitz ermordet wurden, beiseite.

»Elke«, sagt sie, »ich bin fix und fertig. Ich war gestern hier in Frankfurt in einem Konzert, und es gab eine Zugabe, die war so wuchtig und gigantisch, die hat mich erschüttert, und jetzt fürchte ich, das war Wagner. Ich will aber von Wagner nicht erschüttert werden, der Scheißkerl. Kannst du rauskriegen, was das für eine Zugabe war?«

Ich konnte es mit einem Anruf rauskriegen: Es war das Vorspiel zu Wagners »Meistersingern«. Als ich Ruth treffe und ihr das sage, lacht sie.

»Scheißkerl«, sagt sie. »Dass mir das noch mit achtzig passieren muss. Ich hab mein Leben lang vermieden, Wagner zu hören. Aber der ist ja wirklich gut.«

Was diesseits der Pyrenäen Wahrheit ist, ist jenseits der Pyrenäen Irrtum, sagt Blaise Pascal. Alles eine Frage des Standortes? Was gilt dann wem wo? Und wann genau ist Wahrheit noch Wahrheit, wenn es sie denn überhaupt gibt?

Wahrheit kann sich verändern. Irgendwo las ich dies und notierte es im Tagebuch:

Vor Kopernikus dachten wir, die Erde wäre der Mittelpunkt, um den sich alles dreht. Vor Darwin dachten wir, wir wären etwas Besonderes und unsere Entstehung hätte nichts mit dem Tierreich zu tun. Vor Freud dachten wir, dass alles von unserem bewussten Denken geleitet wird. Also gründet sich unsere heutige Existenz letztlich auf drei tragische Irrtümer. Wir leben ganz gut damit.

Sokrates musste sterben, weil er sagte, dass nicht Zeus den Regen bringt, sondern die Wolken.

Als ich ein Kind war, kroch schon ab November die Angst vor Weihnachten in mir hoch.

»Sonst noch was?«, sagte meine Mutter. »Ich feiere doch nicht den Geburtstag von einem, an den ich nicht glaube«, und: »Wo war er denn im Krieg, der Herr Jesus?«

Später, als ich sehr viel älter und meine Mutter schon tot war, las ich eine Geschichte von Luise Rinser über einen kleinen Jungen im KZ, der als Bote zwischen den Baracken hin und her geschickt wurde, bis die Nazis ihn erwischten. Sie hängten ihn auf, und alle mussten zusehen und weinten, und ein alter Mann rief verzweifelt: »Wo ist jetzt Gott?« Und ein anderer zeigte auf diesen gequälten Jungen und sagte: »Dort hängt er.«

Vor Weihnachten ging ich mit meiner Mutter auf den Markt. Es war kalt, ich hatte rot gefrorene Hände und mochte meine kratzigen Handschuhe nicht anziehen. Meine Mutter kaufte Eier, Brot, Gemüse, Mandarinen, Kartoffeln, Würstchen. Bei uns gab es Weihnachten immer Kartoffelsalat mit Würstchen, also irgendein Ritual war schon da – Heiligabend, alle Jahre wieder, kam in unserer Straße zwar nicht das Christuskind auf die Erde nieder, aber doch immerhin Kartoffelsalat mit Würstchen. Auf dem Markt wurden die letzten Weihnachtsbäume verkauft, ich zupfte meine Mutter am Ärmel.

»Guck mal, da, ein ganz kleiner«, sagte ich zaghaft. Sie seufzte. »Was sollen wir damit, Baum ist Baum, ich will diesen ganzen Zirkus nicht, Lametta, Kerzen, Kugeln, das ist alles verlogen.« Ich fand es nicht verlogen, ich sehnte mich danach, aber ich sagte lieber nichts mehr. Und dann auf einmal lenkte sie ein:

»Also gut. Aber kein Baum. Ein paar schöne Zweige.«

Ohne zu murren, schleppte ich die Zweige in meinen frierenden Händen nach Hause und legte sie auf den Küchenbalkon, damit sie frisch blieben.

Noch ein Tag bis Weihnachten. Ich wollte meiner Mutter gern etwas schenken, doch sie wollte ausdrücklich kein Geschenk, bloß nicht, sagte sie, steht alles nur dumm rum, und du kriegst auch nichts, wir haben kein Geld.

Aber auf dem Balkon lagen immerhin die Zweige, und auf der Straße traf ich zufällig meinen Vater, der mir einen großen Karton Marzipankartoffeln brachte und sagte: »Frohe Weihnachten!« und: »Sie ist eben so, da kann man nichts machen.« Dann fuhr er wieder ab, zu einer seiner Geliebten.

Ich setzte mich an den Küchentisch, als meine Mutter weg war, und schrieb ein Weihnachtsgedicht für sie. Ich dichtete und malte Tannenzweige und Kerzen und klebte das Ganze auf eine Pappe und verzierte es mit einem Goldbändchen rundum. Das war mein Geschenk.

Noch einmal schlafen.

Am Nachmittag des 24. Dezember kochte meine Mutter die Kartoffeln für den Kartoffelsalat. Ich saß bei ihr in der Küche, schnippelte die Gürkchen, wir hörten Radio, und sie sang mit bei schönen Arien und Liedern, aber nicht bei Weihnachtsliedern. Der Ofen bullerte, die Zweige lagen immer noch auf dem Balkon.

»So«, sagte meine Mutter, »jetzt gehst du mal bei Frau Wiedemann vorbei und wünschst ihr schöne Weihnachten und bringst ihr diesen Stollen, und bleib ruhig ein bisschen bei ihr, sie ist ganz allein, und dann kommst du wieder. Und zieh die Handschuhe an.«

»Die kratzen«, sagte ich. Ich nahm den Stollen und ging los, es wurde schon dämmrig. Ich hatte nur noch sehr wenig Hoffnung auf ein einigermaßen vernünftiges Weihnachten und sah neidisch und wehmütig in anderen Wohnungen, wie der Baum geschmückt wurde oder schon brannte. Ich war elf oder zwölf Jahre alt.

Als ich zurückkam, stand in unserm sonst nie benutzten Wohnzimmer auf dem runden Tisch ein mit Silberfolie umkleideter Eimer, in dem unsere großen schönen Zweige steckten, geschmückt mit reichlich Lametta, silbernen Kugeln und weißen Kerzen, die meine Mutter jetzt vorsichtig anzündete. Unter dem Baum lagen weihnachtlich verpackte Geschenke.

Alles für mich! Ich machte mich sofort ans Auswickeln, aber dann fiel mir mein eigenes Geschenk ein. Ich holte das Gedicht, meine Mutter las es stumm, nahm mich in den Arm und sagte: »Danke. Das ist schön.« Mehr nicht, aber das war bei ihr schon viel. Und erst danach packte ich weiter aus – es gab Bücher und einen schwarzen Muff aus glänzendem Kaninchenfell. Ich steckte meine Hände hinein, meine Nase, ich liebte ihn sofort, ich liebe ihn immer noch, und das ist ungefähr sechzig Jahre her. Ich habe in meinem Leben auf vielen Reisen und Umzügen Dinge verloren, weggeworfen, oder sie sind einfach verschwunden. Der Muff ist noch da. Er sieht nicht einmal zerrupft aus, und im Winter stecke ich noch immer meine Hände hinein und denke an meine Mutter.

Als sie tot war, ordnete ich ihre Sachen. Darunter war ein Schuhkarton mit Kinderzeichnungen und kleinen Geschichten von mir – sie, die alles wegwarf, hatte das fast fünfzig Jahre lang verwahrt. Auch das Weihnachtsgedicht von damals war dabei. Es ging so:

Weihnachten ist überall,
denn da liegt das Kind im Stall.
Deshalb schenkt man sich dann was,
Weihnachten macht allen Spaß.
Doch wir glauben da nicht dran,
dass das Kind von Gott sein kann.
Deshalb feiern wir das nicht,
und es gibt kein (!) Baum mit Licht.
Macht nichts, ich bin trotzdem froh
Und die Mama ebenso. Frohe Weihnachten.

Ehen gehen in die Brüche, Lieben laufen ins Leere, Freund-schaften zerbrechen, der Tod trennt gnadenlos von allem. Man-ches tut weh, manches war und ist zum rechten Zeitpunkt geschehen, nachtrauern hilft wenig, manches akzeptiert man erst nach Jahren. Manchmal bleibt eine schmerzende Lücke, manchmal nicht, es kann sein, dass man eine vermeintlich fes-te Bindung erstaunlich einfach abhaken und vergessen kann.

Was aber hochsteigt, sind Erinnerungen, und es gibt be-stimmte Erlebnisse, die man mit bestimmten Personen, nein, eben mit nur *einer* bestimmten Person geteilt hat und die man niemandem sonst vermitteln kann. Dieses »Weißt du noch …«, das fehlt mir bei manchen Trennungen am allermeisten.

Weißt du noch, wie der Hund auf dem Land in den Brun-nen gesprungen ist, und du hast ihn rausgezogen, und wir ha-ben mit zwei Mann deine Beine gehalten, der Bauer und ich, damit du nicht auch reinfällst? Weißt du noch, wie wir in dem Lokal saßen, in dem Lenin einst Schach gespielt hat, und vor uns steht plötzlich eine Flasche Champagner mit zwei Glä-sern, und der Kellner sagt: »Der Gast, der Ihnen das aus Sym-pathie spendiert hat, möchte nicht genannt werden«? Und weißt du noch, wie du dann durch das ganze Lokal gegangen bist und dich per Handschlag bei jedem einzelnen Gast be-dankt hast, und wie dann alle applaudiert haben?

Das weißt nur du. Aber du bist nicht mehr da.

Als sie dachte, dass ihre große Liebe ihr das Herz endgültig gebrochen hätte, und als sie von einer todesbleiernen Traurigkeit war und als sie nicht eigentlich sterben wollte, aber mit dieser Traurigkeit einfach nicht weiterleben konnte, da holte sie das Buch über sicheren Selbstmord aus dem Regal. Da stand drin, wie man es richtig macht, ohne den Magen ausgepumpt zu bekommen oder in der Psychiatrie oder im Rollstuhl zu landen. Todsicher eben.

Sie machte alles richtig. Sie nahm mit drei großen Whiskys gerade so viele Schlaftabletten, um tief und gut einzuschlafen. Dann band sie sich mit festem Paketklebeband eine relativ große Plastiktüte luftdicht um den Kopf. Sie würde einschlafen und am Sauerstoffmangel sterben, leicht und schmerzlos.

Sie wachte nach fünfzehn Stunden wieder auf und atmete ruhig vor sich hin. Die Plastiktüte war an vielen Stellen zerrissen. Auf ihrem Bauch lag friedlich schlafend die Katze. Nun, nachdem sich die Tüte beim Atmen nicht mehr dauernd vor und zurück bewegte, gab es nichts mehr zu spielen. Man hatte alles zerfetzt und konnte jetzt schlafen, bis es endlich wieder was zu futtern gab.

Sie legte die Hände auf die Katze, spürte das wohlige Schnurren und weinte vor Glück. Weiteratmen.

WERT

Seit Jahren hängt an Mariannes Haus im kleinen romantischen Ort vor der Stadt, den die Touristen so gern besuchen, ein Schild: »Zu verkaufen«. Beim ersten Mal war ich entsetzt: »Marianne, du wirst doch dieses schöne Haus und diesen Garten nicht verkaufen, was ist los?«

Marianne lächelte nur geheimnisvoll. Jetzt sind acht Jahre vergangen, das Schild steht noch immer da. Marianne sagt:

»Immer wieder kommt jemand, sieht sich alles an, manchmal sind das sehr nette Leute, weißt du, dann trinken wir Kaffee zusammen und erzählen – ich bin ja auch oft sehr allein hier draußen. Und wenn es dann ans Verkaufsgespräch geht, lasse ich sie einen Preis nennen, den sie zahlen würden. Stell dir vor, er ist seit damals schon um 200 000 gestiegen!«

Sie will gar nicht und nie verkaufen, aber es macht ihr Spaß, im Gespräch mit Interessenten zu sein, ihren schönen Garten vorzuführen und den Wert des Hauses so hoch zu treiben, dass sie nachts gut schlafen kann.

WHISKY

Alfreds goldbrauner Hund heißt Whisky. Er folgt nicht gut und läuft oft weg.

Morgens im Stadtpark, sehr früh, ruft Alfred ihn wieder mal: »Whisky! Verdammt noch mal! Whisky!«

Eine alte Dame bleibt stehen, stupst Alfred mit ihrem Stock:

»Sie sollten sich schämen, ein junger Mensch wie Sie! Trinken Sie lieber einen starken Kaffee als um acht Uhr früh schon hier nach Alkohol zu schreien.«

Flughafen, Wartehalle, alle lesen oder dösen, einer telefoniert. Er ist sehr laut und sehr smart, schmaler schwarzer Anzug, schmale knallrote Krawatte, sehr spitze Schuhe, sehr teures Handy.

»Meine Tabelle muss am Ende stimmen. Man muss es einfach richtig machen, da stimm ich dir zu.

Wir können doch jetzt für diese fünftausend Kunden nicht noch mal eine neue Kategorie aufmachen. Das ist doch alles schon ausdiskutiert.

Hm. Ja. Hm.

Da ist nichts drin, nach meinem Gefühl.

Hör mal, du gehst da mit einem ganz anderen View durch die Gegend, weil du zwozwölf andere Erfahrungen gemacht hast. Wir haben aber zwodreizehn.

Ich habe das auch mit Kirsten so besprochen.

Hm.

Hm.

Das kann dann nur auf der inneren Ebene passieren.

Hm.

Ich kenne diese Folie nicht. Hör mal, ich hab jetzt auch nicht mehr genug Saft auf dem Handy. Vielleicht setzt du noch mal 'ne Fußnote, bei Gelegenheit, egal, wie die Folie jetzt aussieht.«

Es kommt eine Sicherheitsdurchsage: Bitte lassen Sie Ihr Gepäck nicht unbeaufsichtigt. Please don't let your baggage unattended.

Er legt auf und wählt neu.

»Ich bin's. Hab mal ein Auge auf Horst, der dreht jetzt durch.«

Er holt mich am Bahnhof ab. Er trägt zwei verschiedene Schuhe. Das Hemd ist auch falsch geknöpft. Ich bin sofort wieder wütend, was für ein verschlampter Kerl. Ich sage: »Wie siehst du aus? Das Hemd! Falsch geknöpft!«

Er küsst mich. »Da bist du ja wieder«, sagt er und strahlt.

»Die Schuhe!«, sage ich, »du hast zwei verschiedene Schuhe an.«

»Ist das wichtig?«, fragt er.

Zweimal im Jahr ziehen die Wildgänse über mein Haus, im späten Herbst, im frühen Sommer. Sie kündigen sich an durch lautes Schnattern. Es sind Hunderte, sie kommen in mehreren Gruppen, vielleicht auch Tausende, sie fliegen in einer genauen Formation, entweder ein V, die stärkste Gans an der Spitze, oder eine lange Reihe. Sie fliegen in tausend Meter Höhe von ihren Brutplätzen in Sibirien in die Winterquartiere am Niederrhein oder weiter im Süden.

Es ist ein schönes, ergreifendes Schauspiel. Wenn ich das Geschnatter höre – meist am Morgen oder am frühen Abend –, lasse ich alles stehen und liegen und laufe ans Fenster oder hinaus: Da kommen sie, die großen, starken Vögel, kennen ihr Ziel, machen diese anstrengende Reise, schreien, fliegen, zeigen mir, wie schön das Leben ist. Im Gefieder der vordersten sitzt immer noch der kleine Nils Holgersson.

In Jahren, in denen ich die Wildgänse verpasse, geht es mir immer schlecht.

Eine Kneipe, lärmende Männer am Ecktisch. Sie lärmen sehr. Es wird immer wilder. Der Wirt schaut versonnen zu und sagt, mehr zu sich selbst als zu mir: »Was soll ich jetzt machen? Misch ich mich zu früh ein, ist die Stimmung im Arsch, misch ich mich zu spät ein, sind die Gläser kaputt.«

Morgens, wenn die Hände noch ruhig waren und nicht vom Alkohol zitterten, heftete Jack Kerouac immer fünfzig Blätter aneinander, damit er bei seinem rasenden Schreiben und im Laufe der vielen Flaschen am Tag nie ein Blatt mühsam neu in die Maschine einspannen musste. Die Papierrolle, auf der er sein berühmtestes Werk *On the Road* schrieb, wurde später, ganz zusammengeheftet, für mehr als zwei Millionen Dollar bei Christie's versteigert, eine Summe, von der der immer in Armut lebende Kerouac niemals zu träumen gewagt hätte.

Er hackte in seinem Hotelzimmer ohne Pause auf seine kleine Schreibmaschine ein. Im Zimmer nebenan schrieb William S. Burroughs, der drei Wochen zuvor im Heroinrausch seine Frau bei der Nachstellung von Wilhelm Tells Apfelschuss-szene aus Versehen erschossen hatte, an einer ersten Fassung von *Naked Lunch*.

Wenn wir so etwas wissen, lesen wir ihre Werke dann anders? Ja.

WOHNWAGEN

Frau Kloppe und ihr Mann hatten jahrelang einen Wohnwagen auf dem Campingplatz in den Rheinauen. Sie waren nur selten mal länger dort, aber Frau Kloppe erzählte mir seufzend: »Jeden Freitag will mein Mann mit mir schlafen, aber unsere Wohnung ist doch so klein und dann die drei Kinder, da machen wir das im Wohnwagen. Der wackelt dann zwar und man hört auch, was los ist, aber da sind ja nur Erwachsene.«

WUNDER

So ein kleines Kind, sage ich zu meiner Freundin, als wir am Bett der glücklichen Mutter stehen, guck doch bloß, diese Händchen, das ganz und gar fertige Gesicht, nur 50 cm und 3000 Gramm, ist das nicht alles ein tolles Wunder?

Ja, sagt meine Freundin, mit der ich vorher noch auf Einkaufstour gewesen war, ein Wunder, klar, so fängt alles an, und was machen wir daraus? Stehen eines Tages in Antiquitätenläden und feilschen um den Preis von Biergläsern.

Sie waren Geschwister, galten als Wunderkinder – was man so sagt, ohne darüber nachzudenken, dass zum Talent das tägliche qualvolle Üben gehört. Die Schwester übte wenig, ihr flog alles zu, sie konnte früher in den Garten gehen als der Bruder, der verbissen immer wieder die gleichen Läufe spielte, übte, bis die Finger den Weg allein über die Tasten fanden.

Und dann kam dieses Konzert, sie spielten vierhändig: Im Publikum hatte jemand einen Niesanfall, und das Licht auf der Bühne flackerte. Die Schwester wurde nervös, fiel sozusagen aus der Kurve, fand Töne und Rhythmus nicht mehr und saß verzweifelt da. Der Bruder spielte das Stück eisern zu Ende, seine Finger liefen, sich erinnernd, über die Tasten, obwohl auch er irritiert war. Aber das mechanische Üben rettete so gerade das Konzert.

Es rettete nicht die Beziehung zwischen den Geschwistern. Sie spielte nie mehr. Es ist dreißig Jahre her. Mit ihrem Bruder hat sie kein einziges Wort mehr gesprochen.

WÜNSCHE

Was wünschst du dir denn zu Weihnachten?, fragt die Mutter ihre Tochter. Es ist so schwer, für dich etwas Richtiges zu finden!

Die Tochter denkt nach und sagt:

Ehrlich gesagt, am meisten wünsche ich mir, dass du nicht immer gleich beleidigt bist, Mama, wenn ich mal sage, mach dies und jenes besser so oder ruf mich nicht vor neun Uhr morgens an oder geh endlich zum Arzt – ich mein das doch nie böse, aber du bist immer gleich eingeschnappt. Wenn du das mal abstellen könntest, das wäre schön.

Wenn ich gewusst hätte, dass du dir sowas Blödes wünschst, hätte ich nicht gefragt, sagt die Mutter.

WUNSCHKIND

Nina wünschte sich nichts mehr als ein Kind, und mit über vierzig hatte sie die Hoffnung schon fast aufgegeben. Die Freundin tröstete: Was kann einem in dieser Welt alles mit Kindern passieren! Da saufen sie sich ins Koma, fahren das Auto kaputt, nehmen Drogen, werden mit vierzehn schwanger ...

»Das will ich alles erleben, alles«, sagte Nina, »ich würde mich nie beklagen, ich will das alles mitmachen.«

Dann plötzlich und völlig unerwartet wurde sie doch noch schwanger. Sie war überglücklich und euphorisch: »Soll sie frech sein, soll sie mit vierzehn rauchen, soll sie mein Auto mit sechzehn zu Schrott fahren und mit siebzehn ein uneheliches Kind kriegen, soll sie die Schule schmeißen und mir Geld klauen, mir ist alles egal, ich werde alles verzeihen, ich freu mich so.«

Emma ist ein liebes Mädchen und jetzt sechs Jahre alt. Neulich hatte Nina Geburtstag, und Emma hatte das vergessen und ihr nicht gratuliert. Nina war total wütend. Wir versuchten sie zu trösten: »Du wolltest doch alles mit ihr erleben«, sagten wir.

»Ja, aber doch nicht sowas!«, schrie Nina.

YANNICK

Wir waren jung und verliebt und zelteten in Frankreich am Meer, es waren die siebziger Jahre. Ein kleiner Bauernjunge, Yannick, kam jeden Tag neugierig an unser Zelt. Ihm gefielen unsere langen Haare, die Hippieklamotten, die Zigaretten, die wir rauchten. Wir ließen ihn seine ersten Züge unter Aufsicht nehmen, wir ließen ihn ans Steuer des 2 CV, wir brachten ihm ein deutsches Gedicht und Schwimmen bei. Abends saß er bei uns, und wir hörten im Kofferradio die Stones, »You can't always get what you want«. Als er weinte, weil sein Vater ihn schlug, redeten wir mit dem Bauern.

Es war ein schöner, unbeschwerter Sommer.

Nach sechs Wochen reisten wir ab. Wir dachten noch manchmal an den kleinen, sensiblen Yannick, aber dann vergaßen wir ihn.

Mehr als zwanzig Jahre später fuhren wir wieder in diese Gegend, auf alten Spuren unseres Lebens. Wir schwammen wieder im Meer, suchten die alten Plätze und Kneipen auf, besuchten auch den Bauern. Er war tot, aber seine Frau lebte noch und hatte gerade Besuch – von Yannick. Er war ein junger schöner Mann geworden und lebte als Metrofahrer in Paris. Er umarmte uns und weinte, nie habe er uns vergessen, sagte er, wir dich auch nicht, logen wir. Und er zeigte uns Fotos seiner beiden Kinder. Ein Junge, ein Mädchen. Sie trugen unsere Namen.

Alles, was mir gefällt, auffällt, einfällt, wichtig erscheint, schreibe ich immer rasch auf irgendeinen Zettel, damit ich es nicht vergesse. Ich vergesse es natürlich doch, aber noch nach Jahren finde ich in Büchern, Schubladen, Jacken- und Manteltaschen Zettel mit geheimnisvollen Botschaften, manchmal mit Zitatangabe, wo ich etwas gelesen hatte, manchmal nicht, dann sitze ich da und denke: Ist das von mir? Habe ich gedacht und geschrieben, »Melancholie ist der Endzustand einer Kette von Entwertungszuständen«, oder hat das irgendjemand anders gesagt? Und woher kommt die Notiz: »Ich habe Zimmer mit dem Geruch von Männern satt?« Das kann nicht von mir sein! Was war da los?

Auf einem Zettel steht, was Erika Mann über Adorno sagte, nämlich was für ein »im Menschlichen so lädierter Knirps« er gewesen sei. Weil ich viele seiner Verdikte so abscheulich finde, macht mir das Spaß. Erik Satie schrieb an seinen Bruder: »Warum sich gegen Gott auflehnen, wo er doch genauso unglücklich ist wie wir?« Und er schrieb auch: »Als ich jung war, sagte man mir: Wenn du erst fünfzig bist, wirst du sehen. Ich bin fünfzig, ich habe nichts gesehen.«

In der schwarzen Samtjacke ein Zettel mit Vermerk: 1981. Aber das Zitat ist von der chinesischen Dichterin Fu Xuan aus dem dritten Jahrhundert nach Christus: »Wie traurig, eine Frau zu sein. / Nichts auf der Welt so gering geschätzt. / Jungen stehen lässig in der Tür / wie aus den Himmeln gefallene Götter.«

Und auch diesen Satz habe ich notiert, irgendwo auf dem weißen Rand einer Theaterkarte: »Mit meinem Mörder Zeit bin ich allein.« Ich glaube, das stammt aus einem Gedicht von Ingeborg Bachmann und ist ebenso schön wie der Gedanke von Sarah Kirsch, an die Bettine Brentano gerichtet: »Immer sind wir allein, wenn wir den Königen schreiben / denen des Herzens und denen des Staates.«

Und dann, in einer Hosentasche, eine Notiz mit Tinte, sehr klein geschrieben: »Das Ufer ist weit weg.«

Wie verzweifelt ich oft war, als ich jung war. Wie gelassen sehe ich das Ufer jetzt.

Ich habe drei Telefonnummern: eine Handynummer, eine Büronummer, die jeder haben kann, und eine ganz private Nummer, die nur allerengste Freunde und mein Arzt kennen. Brigitte gehört nicht zu meinen allerengsten Freunden, gar nicht, nicht mal ansatzweise. Aber Brigitte wohnt schräg gegenüber, wir können uns quasi auf die Balkone gucken, und Brigitte ist Alkoholikerin mit depressiven Schüben, man muss sich ein wenig kümmern, und ehe sie nachts durchdreht, habe ich ihr also meine geheime Geheimnummer anvertraut. Dieses Telefon steht am Bett, wenn es klingelt, geh ich zu jeder Tages- und Nachtzeit dran.

Es klingelt nachts um vier. Es ist Brigitte.

»Schläfst du schon?«, lallt sie mit schwerer Rotweinstimme.

»Jetzt nicht mehr«, sage ich wahrheitsgemäß. »Brigitte, was ist los, soll ich rüberkommen?«

»Nein, nein«, sagt sie. »Ich muss nur mit jemandem reden über etwas, das ich gerade entdeckt habe, und damit werde ich gar nicht fertig.«

»Was ist los, Brigitte?«, sage ich müde und ziehe mir schon mal die Pantoffeln an. Ich muss wohl doch zu ihr rüber.

»Also«, sagt sie, »du kennst doch die Jungfrau von Orleans?«

»Nicht persönlich«, sage ich.

»Aber du weißt, wen ich meine, Jeanne d'Arc, die kennst du, oder?«

»Ja«, sage ich, »die ist für Frankreich gestorben.«

»Gestorben ist gut«, sagt Brigitte und weint nun. »Die hat man verbrannt. Ich lese gerade ein Buch über die. Und soll ich dir was sagen? Man hat die völlig zu Unrecht verbrannt. Zu Unrecht! Und die war erst neunzehn Jahre alt.«

Ich sage: »Brigitte, das ist doch jetzt heute Nacht aber nicht wirklich wichtig, oder?«

Stille am andern Ende der Leitung.

»Brigitte?«

»Ja«, sagt sie schließlich. »Neunzehn Jahre. Verbrannt. Und völlig zu Unrecht. Ich meine, wer macht denn sowas?«

»Ich glaube, Franzosen«, sage ich müde.

Brigitte schreit: »Und ich trinke hier französischen Rotwein! Aber die können mich jetzt mal. Nie wieder. Den kipp ich weg. Franzosen! Verbrennen die eine Neunzehnjährige!«

»Gute Nacht, Brigitte«, sage ich.

»Dass du bei sowas schlafen kannst«, sagt sie, und ehe ich auflege, höre ich noch einmal ihr Murmeln: »Völlig zu Unrecht verbrannt. Das muss man sich mal vorstellen.«

Einmal war ich in Paris, allein, ich reise oft und gern allein. Ich war ratlos, ich fand, dass mein Leben in die falsche Richtung lief, und ich kriegte es nicht in den Griff. Es war heiß, ich suchte Kühlung in Saint Sulpice, der zweitgrößten Kirche von Paris, im 6. Arrondissement. Ich liebe sie, weil sie in Massenets Oper »Manon« so eine wichtige Rolle spielt.

Die Antwort auf all meine Zweifel, Sorgen, Fragen war gleich rechts hinter dem Eingang in der ersten Seitenkapelle.

Da gibt es ein gewaltiges, etwa sieben mal fünf Meter großes Wandgemälde von Eugène Delacroix, das heißt »Der Kampf Jakobs mit dem Engel«. Die Geschichte steht in der Genesis: Jakob kämpft mit dem Engel eine ganze Nacht lang und sagt: »Ich lasse dich nicht, du segnest mich denn.«

Dieser Jakob von Delacroix ist ein Hüne, ein Zehnkämpfer, stark, gewaltig. Er stemmt sich gegen den Engel mit aller Kraft, und der Engel hält ihn ruhig, fast sieht es aus, als tanze er mit ihm, und wir sehen, ich sah: Er kann noch so sehr kämpfen, der Hüne Jakob, er wird den Engel nicht niederzwingen. Der Engel kämpft gar nicht. Er hält ihn einfach nur fest, gütig, leicht. Und irgendwann wird Jakob die Kraft ausgehen, und dann kann er ruhig werden. Und vielleicht glücklich.

Als ich dieses Bild ansah, fielen alle Angst, aller kämpferische Zorn von mir ab. Nicht mehr kämpfen. Sich halten lassen.

Zufällig auf dieses Bild gestoßen?

Alles kein Zufall.

Die Familie meiner Mutter war schwerblütig, schwermütig, auch jähzornig. Alle Geschwister waren untereinander verfeindet und zerstritten. Mein Vater dagegen hat immer nur gelacht. Er hatte fünf Brüder und zwei Schwestern, und sie hielten zusammen wie Pech und Schwefel. Ich hatte oft das Gefühl, dass sie alle mit einem Bein in irgendetwas Illegalem standen, weil bei ihnen immer alles klappte – auch im Krieg gab es stets genug zu essen, zu trinken, der eine Onkel fuhr für eine Apotheke Waren aus und zwackte Medikamente ab, mein Vater organisierte Autos und Benzin, die Tanten hatten Quellen für Wolle und schöne Stoffe und nähten sich auch als Trümmerfrauen geschmackvolle, elegante Kleider, so wie Scarlett O'Hara aus Gardinen ein Abendkleid hatte zaubern können. Sie trugen phantastische Hüte, rochen gut und hatten knallrot lackierte Nägel. Meine Mutter war ernst und sparsam, mein Vater warf das Geld mit vollen Händen aus den Taschen. Sie las, er stand an der Theke, sie hörte Opern, er lachte über Leute, die im Stehen sterben und dabei noch singen. Sie ging gern im Wald spazieren, er fuhr Motorradrennen auf dem Nürburgring. Sie wollte schöne Gardinen, er wollte teure Schuhe. Er wollte Sex, sie hasste Sex. Sie wollte kein Kind und trieb dreimal ab, ehe ich dann doch geboren wurde. Er wollte viele Kinder und machte sie dann eben mit anderen Frauen.

Als die Mutter meiner Mutter, meine Großmutter Gertrud, starb, war ich noch nicht geboren. Sie soll gesagt haben:

Die Kinder von Karl und Paula, die werden es nicht leicht haben.

Ganz leicht, ganz leicht
Muss es nicht sein. (Sven Regener)

INHALT

*»Anna Gavalda ist eine
Meisterin der kleinen Form.«*

Katharina Granzin, *taz*

· ·

Ü.: Ina Kronenberger. 304 Seiten
Gebunden. Farbiges Vorsatzpapier

Mathilde, 24, verliert ihre
Handtasche, nachdem sie in
einem Café in Paris einen
Drink zu viel hatte. Yann, 26,
fühlt sich in einem langweiligen Beruf und in einer spießi-
gen Beziehung gefangen.
Die eine sucht den richtigen
Mann, der andere hat den
verkehrten Job – bei keinem
läuft es richtig rund. Aber:
»Ab morgen wird alles an-
ders«. So das Motto von Anna
Gavaldas Geschichten, in
denen sie mit Witz und Charme
von der unzerstörbaren Hoffnung der Menschen und der
altmodischen Macht der Liebe
in modernen Zeiten erzählt.

· ·